U0061835

中環一筆
叢書

第❷輯

黑暴未了，
真兇是誰？

潘麗瓊 著

太平書局

「中環一筆」叢書第 2 輯

黑暴未了，真兇是誰？

作　　者： 潘麗瓊

責任編輯： Amy Ho

封面設計： Cathy Chiu

出　　版： 太平書局

　　　　　香港筲箕灣耀興道3號東匯廣場8樓

發　　行： 香港聯合書刊物流有限公司

　　　　　香港新界荃灣德士古道220-248號荃灣工業中心16樓

印　　刷： 盈豐國際印刷有限公司

　　　　　香港柴灣康民街2號康民工業中心14樓

版　　次： 2021年 7 月第 1 版第 1 次印刷

　　　　　© 2021太平書局

　　　　　ISBN 978 962 32 9360 0

　　　　　Printed in Hong Kong

「中環一筆」叢書總序

都說歲月有痕。香港正處於百年未有之大變局。順應歷史潮流的變革是一種必然。

世上很多變革往往是被迫發生的,包括觀念的變革。任何一個事物的變革,巨大的動力在於迫切需要變革的人。香港走到變革的今天不容易。這種艱難度,香港人最清楚。

變革,就是不同於昨天,不重複今天。變革中的問題,只能透過繼續變革來解決。不斷的變革,才有不盡的活力。變革的時代,提供了發揮能力的機會,也提供了對能力的挑戰。

立足大視角,變革新香港。跳出香港看香港,跳出當前看長遠。這是本叢書第一輯、第二輯共 10 位作者的共識。

自 2014 年 7 月,零傳媒國際有限公司牽頭成立「中環一筆」評論小組,邀請香港媒體界、教育界、司法界、財經界等專家,每週撰寫關於香港時政的評論文章。他們扎根在各自的專業領域數十年,建樹良多。7 年來香港經歷了一系列的動盪,從非法佔中、雨傘運動再到 2019 年的反修例風波,他們一直堅守前線,筆耕不輟。

2015 年以來,零傳媒已先後出版了《香港傘裏傘外博弈》、《血色旺角前世今生》、《回歸 20 年 —— 香港浴火重生》、《香港超越內耗》、《香港拒絕傲慢與偏見》、《香港顏色密碼》、《衝破香港黑夜的曙光》等 7 本相關評論文集,在海內外傳遞出強有力的聲音。當時間走到 2021 年,《香港國安法》已經實施,完善選舉制度條例刊憲,香港迎來一個新的變革契機,我們覺得需要為每一位作者的思考,專門結集出版。

這 10 位作者及其作品，分別是雷鼎鳴《龍鷹相搏 —— 香港看到的中美政經關係》、楊志剛《花開瘟疫蔓延時》、陳莊勤《沉默不螺旋》、屈穎妍《支離破碎的世界》、陳文鴻《港人的家國觀和世界觀》、阮紀宏《來生再寫中間派評論》、劉瀾昌《港人為何未能治港》、何漢權《教育，過眼不雲煙》、潘麗瓊《黑暴未了，真兇是誰？》、江迅《嬗變香港》。

　　感謝太平書局為此套叢書精心設計，如您將整套書擺放在一起，在書脊處會見到香港地標中環的完整海岸線，我們謹以此向各位作者致謝。

　　我們共同期待大變革下，香港會越來越好。

序言

《國安法》如寶劍出鞘，以雷霆萬鈞之勢鎮壓黑暴分子，但切勿天真地以為已經由大亂變為大治，這股惡勢力從未真正消退，它只是偃旗息鼓，潛藏在社會暗角，以各種名目「攬炒香港」。由反對普及檢測、安心出行、接種疫苗、和內地通關，無所不用其極⋯⋯這是一場慘烈的戰爭，因為和我們對敵的，竟是至親好友，老師同學、新舊同袍，以及百萬計的年輕一代！

當重看兩年來寫的評論時，眼前重現擲磚殺人、縱火繞人、圍毆路人、愚弄港人的片段，我心依然激動，是誰毀滅生我育我的香港？是誰分裂我深愛的國家？

我最痛恨的，不是矇查查地被哄騙上烈火戰車，毀掉前程的年輕人，而是那些躲在背後煽惑人心的幕後真兇、攬着自己子女，卻叫人家子女去犯法的衣冠禽獸！他們以民主自由之名，站在道德高地，推香港去死。黑暴是一個神秘洋蔥，我們肉眼所見，只是晃動在鏡動前的表層——爛頭卒、買辦和漢奸。當查出幕後總指揮和黑金源頭，將會叫大家嚇一跳。就像 Agatha Christie 的偵探小說，最正義凜然、最不像兇手的，就是真兇！可惜，當鐵證如山時，真兇或已逍遙法外，邪惡幫兇則拿着不義之財，印印腳快活過神仙，剩下一班傻瓜永遠不肯甦醒過來⋯⋯

在揮筆寫文章時，我需要面對巨大的壓力，有中毒上腦的親朋戚友跟我絕交，還有各種大小騷擾，更要擔心會否影響家人，但我堅信邪不勝正。幸有專欄平台，難道香港最需要我為沉默的人發聲時，我竟躲藏起來當看不見？

我捍衛的不是「政治」而是「正義」，我說的只是正常人，有

理性人應說的話而已。難忘有一天，有暴徒向黃大仙警察宿舍縱火，打爛玻璃窗。我在《明報》專欄版上反對抹黑警察，反對違法暴亂，但全版專欄只有我持這個觀點，其他人都支持這種充滿暴力的所謂抗爭運動！

在黑暴顛峰期，要講一句公道話，也有危險，如履薄冰，可知香港爛到甚麼程度！不過，有一封沒署名的讀者來信，加強了我的信心，這位太太說，她 30 年沒有寫信了。她感謝我說出她不敢說的話，希望我不要放棄。我是為平凡人而寫，為愛香港而寫。

潘麗瓊

目　錄

第三章　疫症兇猛

第一章

撥開雲霧見青天

更大的陰謀即將要來

　　最近，我感到恍如置身在一場深不見底的大陰謀之中，更大的陰謀即將要來。整個香港，各色人等，都墜入重重陷阱之中。

　　大家已經預知「和平」遊行之後，被羣眾稱為英雄的義士，會帶上蒙面的頭盔和口罩，按照劇本上演「暴力」衝擊，以破壞來「拯救」香港。但衝擊哪裏呢？警察總部？政總？揭開謎底，原來是西環中聯辦。暴徒愈來愈猖獗，汽油彈、天拿水、玻璃樽、彈珠、雨傘及手杖改裝成的長矛，並即場掘爛地磚、拆毀路牌。

　　警察疲於奔命在招架之際。冷不防，暴力事件聲東擊西地出現在元朗西鐵站廂殺列車內，警員卻遲遲未到，九九九未有即時接聽，令一直飽受侮辱和施襲的警方，再度遭受四方八面的攻擊。

　　後來，警司劉肇邦在警方網站澄清，指新界北的九九九報案中心，每日平均收到大約 2 500 個求助電話。但星期日卻異常地，單單在夜晚 10 點半至翌日凌晨 1 點半，短短 3 小時內，一共收到超過 24 000 個求助電話，即平均 1 分鐘，就要應付 133 個電話，數目遠超負荷。

　　原來一個有大量人參與的社交媒體羣組，當晚有市民呼籲一齊打九九九報案，一心陷警察於不義。他們亦沒有想到，若有垂危病人，在生死邊緣打九九九要救傷車的話，會否求救無門？

　　我們正墜入情感的圈套中，墜入無邊黑暗的陰謀中，成為了別人的臨記而不自知。此刻，相信你和我一樣，心中有一大問號和大恐慌！究竟這個禮拜，元朗會否有遊行？

　　更大的陰謀即將要來，我們會否再被利用，成為別人的棋子？

（原刊於 2019 年 7 月 25 日《頭條日報》）

香港集體自殺，百載繁華一朝了

星期一（7月22日）凌晨三時，我突然從睡夢中驚醒過來，拿起手機，被傳來的沙田「和平遊行」之後的血腥暴行照片和短片嚇倒，圖片見到一個穿紅衣拿着黑色購物袋的女士，惶恐地從一班黑衣暴徒中奔跑逃命，有暴徒從後踢跌一個便衣探員，十幾人圍毆他，用雨傘襲擊及用腳踢他，若非一個攝影記者捨身坐在這個警員身上，用身體阻擋，恐怕他已經被打死了，另一邊又傳來，民眾滿面鮮血倒地的照片，我的心碎了……

對立加深對立，暴力帶來暴力

這是我熟悉的香港嗎？每次都是先和平遊行，後暴力衝突，遊客不敢來香港，沙田店舖不敢做生意，上水藥房被搗亂不敢追究，無線記者被人打報警求助都沒用，因為警察自己也被人打緊……民眾追求的民主自由，會因為圍毆警察，破壞財物，毀滅法紀而得到嗎？警察一樣會火遮眼，對立加深對立，仇恨滋生仇恨，暴力帶來更多暴力。香港人的理智和良知哪裏去了？我們會因為姑息暴力，歪理變真理而重獲安寧嗎？

然而，我幾乎可以肯定，翌日的媒體大都會報道，警察在濫用暴力，使用胡椒噴霧，用警棍打市民等……民眾一定會說：「是林鄭的錯，不聽市民意見，是警察的錯，用武力對付市民。」但是誰掀起這場沒完沒了的暴力抗爭？有甚麼政治主張都好，都不能訴諸暴力。

當示威是常態，哪有希望？

當光復是黑暗

示威是常態

和平是暴力

暴徒是英雄

謊言是真理

欺凌是主流

霸道是民主

崇高是卑劣

保衛是破壞

政府是懦弱

羣眾是輸家

勝利是失敗

民眾噤若寒蟬

警察自身難保

香港哪有希望？

仇恨蒙蔽理智

我深愛香港，卻欲救無從。

我看到仇恨像毒液，蔓延全城，親友為敵，朋友絕交，仇恨蒙蔽人們的理智，把暴徒英雄化，把警察妖魔化，暴力合理化。對立引致更多對立，仇恨只會滋生更多仇恨，暴力引發更多暴力，恐懼帶來更多恐懼。暴力和仇恨不是解決辦法，它只會令人更加愚昧，喪失理智，犯下一生後悔，難以彌補的錯誤。

每次衝突緣起，都是以和平大遊行為名，暴力抗爭為實，以此免被控告煽動暴亂。所以，有些「示威者」和平遊行完畢，便

戴上口罩頭盔，帶着削尖的鐵枝、磚頭，變身暴徒。有些不滿政府的香港人，覺得交由這些不知來歷的暴徒，向政府施以顏色是可靠的，要將之英雄化，在暴力搗亂後，為其爭取特赦，匪夷所思。因為明知會犯法，暴徒恐怕被認出會有刑責，所以遮臉。如果只是純粹和平遊行，為何戴口罩和鐵枝？

自相殘殺，所為何事？

暴徒和警察都活在無意義的戰爭中。他們本來互不相識，卻一瞬間變成殺父仇人般，自相殘殺，所為何事？

我們究竟在爭取甚麼呢？18 區輪流大遊行，69 個地點變成連儂場，一張張便條其實是戰書，不斷挑起民眾之間爭拗、打鬥和警民暴力衝突。我們渴求民主自由社會，真的會因為無日無之的暴力衝突而達致嗎？

不幸被選中作遊行的地點，頓變紅蕃區，汽車和公車改道，生人勿近，事後滿目瘡痍，損失不知向誰追討。遊客絕跡，生意蕭條，受影響的必然是打工仔，這真是大家所樂見的？

其實，由特首到高官，一樣活在惶恐中，六神無主，擱置修例沒用，道歉沒用，政務官出身的特首不是政客，不能駕馭政治的陰雲詭譎，不敢叫停暴亂，由得暴民包圍警察總部，毀壞立法會。夾在北京和香港人中間，因為被北京欽點成為香港特首的原罪，特首愈來愈短命，有能之士都不敢做特首，這豈是香港之福？

香港在集體自殺

這場名為反修例的政治運動，正在荒謬地不斷把它的禍害擴大。

本來，「修例」的緣起，是針對有嚴重刑責的逃犯，但反修例掀動香港人埋藏心裏反中恐共的情緒。反修例被冠以「反送中」的名目，實是「反中」政治運動，這股情緒在佔中運動失敗後，一直未疏理好，只是被壓了下來。反修訂條例是導火線，一經燃點，即如野火燎原。

　　民眾指摘政府長期偏聽，不理人民訴求，官逼民反……但是人民的訴求究竟是甚麼呢？如果是香港獨立，脫離一國，這是否真正的選項？如果不是，我們是否應該聚焦在香港能夠在客觀限制下，所能切實達致的，透過溝通和協商去爭取。有不少人提出孫中山和毛澤東革命，但大家真的認為武裝革命是最好選項嗎？ 既然大遊行儲蓄了這麼多的政治能量，好應冷靜下來，跟政府協商，有理有節地爭取在客觀限制中，香港人能夠爭取到最好的。

　　否則，香港在集體自殺，自己消耗自己，將幾代人辛苦建設的香港，一夜消亡。

（原刊於 2019 年 7 月 28 日《亞洲週刊》）

家破·仁亡

　　我自小在黃大仙長大，我長兄曾經當差，曾住在黃大仙警察宿舍裏。黃大仙是養我育我的地方，當看到她滿目瘡痍的時候，龍翔道被堵塞的時候，真是欲哭無淚，更是滿腦子問號……

　　是誰有如此惡毒的心腸？不僅兩月內不斷包圍各區警署，十八區示威暴亂，粗口、磚頭、鏹水、鐵枝作武器。現在，連警察的家人都不放過？毀壞鐵閘、掘爛路上的磚、肆意縱火、在外牆噴上毒咒？擲爛人家的玻璃窗？

　　有沒有想過那裏家有老少，手無寸鐵？

　　有沒有想過萬一火種一發不可收拾，會釀成巨災？

　　有沒有想過滿天飛的磚頭，會破窗殺人？

　　他們跟你無怨無仇，你為何出此毒手，毀人大好家園？

　　你究竟是甚麼人？你希望達到甚麼目的？

　　網上召集你就去馬？身邊和你一齊犯法的人，除了都穿黑衣之外，你知道是誰嗎？連他的樣貌你恐怕沒看清楚！你即將要令其家破人亡的對象，姓甚名誰，你也是矇查查，比黑社會買兇殺人，更離奇荒誕，更愚昧無知。

　　就在 8 月 5 日當晚，北角發生類似元朗白衣人襲擊事件，警方收到緊急求助案。但北角分區警署被暴力示威者包圍，嘗試出閘派人到場時，被示威者攻擊，香港不少其他幹道亦佔領。黑衣人就對警察延遲救援表示不滿。

　　警察何時變成黑衣人的私人保鑣？呼之則來，揮之則打？聲聲「黑警」？以「狗餅」侮辱？連警員的家也成煉獄？對於不仁不義的黑衣人，我無語問蒼天。

（原刊於 2019 年 8 月 8 日《明報》）

恐懼蝕人心

世上最有力的武器是甚麼？飛機大炮？不是，是恐懼。

鬧到軒然大波的反修例風波，源於恐懼。一條針對逃犯和大部分市民無瓜葛的條例，經幕後大佬輕輕一扭，變成「反送中」之後，燃起恐共恐中之後，便脫胎換骨，變成一發不可收拾的政治風暴。

恐懼可以變成極具侵略性的野蠻行為（defensive-offensive aggressive）。守護香港，變成毀滅香港。自衛變成「無差別」欺凌他人，包括堵路阻上班的打工仔、毆打 GoGoVan 司機，愈想愈離奇。

又因為懼怕內地人，一於先下手為強，變成欺凌同胞。在機場虐待、圍毆和禁錮「單拖」兼手無寸鐵的深圳旅客和環球網記者付國豪，即使互不相識，也可變成殺父仇人般，因為內心假設了你要傷害我，所以大條道理「？」你！即使付國豪只有一件 I Love HK Police 的 T 恤，足以構成死罪。

恐懼令雞蛋變成高牆，令高牆變成雞蛋。由大地產商經營的商場因恐怕惹怒示威者，所以不歡迎警察入場。商場變戰場。機場顧慮到示威者投訴剝奪集會自由，所以首兩天容許逾萬人進入機場，結果癱瘓入機場的交通，成千上萬旅客被「阻你飛」，最後機場變刑場，同胞被行私刑。

大學校長也怕了學生，有校長半推半就去了遊行，有校長連私家車和官邸都變成連儂牆。但沒有校長敢紀律處分學生。這都是恐懼作祟。

恐懼也是極佳武器。民航局警告國泰航空不許參與暴力示威

的機組人員，飛越中國領空，令國泰即時炒人。傳 30 萬武警齊集深圳，也極有威懾力。恐懼，亦正亦邪，存乎一心。

（原刊於 2019 年 8 月 17 日《明報》）

心已碎，兇手是誰？

有人認為反修例運動最傷是經濟，但此刻我最心痛的，是感情。

血脈相連的親情、兩脇插刀的知己、共渡半生的朋友、沒利益純友誼的師生同學，因為一場目標不明不白、領袖不知是誰、結果凶多吉少的荒謬政治運動，一瞬間翻臉了！

一起成長的青蔥歲月、扶持走過的生關死劫、情義兩心知的歡樂回憶，忽然變作脆弱的玻璃球，不堪重擊，嘭一聲粉碎，變成一滴滴像淚珠的碎片，不知如何收拾，欲救無從。

我不僅親身經歷，也在臉書上目睹好友惡言相向，互相批鬥。是因為那份感情本來就脆弱？是因為在大時代面前，小人物不足惜？至今我們追求的烏托邦，了無蹤影，但一路走過的都是地獄，愈陷愈深。情感的裂痕愈扯愈闊，橋樑崩塌。即使不相信烏托邦，只想卑微地活着的凡人，都被捲進四分五裂的人間煉獄中，慘受仇恨煎熬。

「原來你不是自己人！」每人都自覺手握真理，核心價值被人攻擊，要不惜一切反攻和自衛。於是好友變仇人，毫不猶豫要把對方擊倒，甚至從自己的人生刪掉！

是誰這麼殘忍？編導羣眾鬥羣眾的情感毆鬥？是那個魔鬼編寫出的邪惡劇本？讓香港人糊裏糊塗走入角色，集體演出眾叛親離的大悲劇？

人生最寶貴的財富，不是錢，是感情。到臨終一刻，我只關心一生曾經擁有過的美好回憶和好友，但一場場你死我亡的政治運動，向我們的感情進行大屠殺。我的心已碎，但兇手是誰？

（原刊於 2019 年 8 月 19 日《明報》）

香港將死

香港即將滑向深淵，當它被歹徒施毒手時，你在哪裏？

作為官員，你有沒有嚴正執法？食環署為何不清理連儂牆？它本身是犯法的？它有如戰書，挑起仇恨，加深對立。將軍澳傷人案就是例子。和平遊行常堵路、佔街，便是歪理的延伸。又例如商場不許警察進入，律政署有沒有解釋警察是有權執法的？太多官員明哲保身，任由暴徒肆虐，香港爛下去！

作為教育界，當有人把魔爪伸向白紙一張、入世未深的學生，灌輸粗口暴力、違法達義、反政府等歪理時；當有師生在校園煽動港獨和仇警、打擊異見學生；當有政客以罷課來騎劫校園，擾亂學習時；當有人舉黃傘破壞畢業典禮、粗暴欺凌師生時，你有沒有反對、舉報和制止？有沒有處分這些學生，循循善誘教導他們重回正軌？還是，噤若寒蟬？

作為家長，當孩子被歪理蒙騙，參與暴亂時，你有沒有勸阻？有沒有耐心教誨？有沒有陪伴他們？抑或你為了討好孩子，默不作聲？甚至加入暴亂？當和平遊行變成暴力衝擊的掩護，你是否帶着稚子去參與這淌渾水？還高叫港獨口號？覆巢之下無完卵。當中國被列強欺負、香港被鬥垮，你的家也會破碎！

有些媒體，鏡頭永遠對着擎槍的警員，無理猙獰的暴徒，倒果為因，還有太多人甘願當暴徒的擋箭牌、為暴行合理化，亦有人只顧消費暴力，拿着手機影影，卻不阻止……

香港將死了，許多手上染有血跡的人，都是幫兇。這是香港的共業，無辜的人都要陪葬。

（原刊於 2019 年 8 月 29 日《頭條日報》）

虛假的英雄感

暑假後，迎來的不是學生重返校園的笑聲，而是充滿仇恨的口號、反政府的姿態，這是一場模仿暴徒的遊戲，一場邪惡的成人禮。

昨晨 5 時 43 分，葵興地鐵站外，有一班稚氣未除的初中生，穿校服、舉黑傘、披黑外套、戴口罩，拿着噴漆有所動作，千鈞一髮間被人發現，但他們毫無羞愧，充滿氣焰和不屑。一定是心存不軌，才需要以口罩遮掩，「斷正」後，還不斷舉機影下眼前人，難道是立定壞心腸，打算轉頭「起底」報仇。幸好他們沒有雷射筆，不敢講粗口，不敢圍毆對家，否則重演暴徒的惡行。

港九校門外，一排排戴着黑口罩、舉黑傘、穿頭盔、喊口號，模仿暴徒的中學生，像一羣黑色的羔羊。儀式壯大了他們的膽，公然挑戰學校權威，社會制約。他們變成了另一個人，在朋輩中找到認同感，在歡呼聲中找到英雄感。

弔詭的是，這種感覺是透過破壞而非建設，透過鬼祟隱藏而非光明正大，透過傷害而非幫助他人而建立。學生口中重複念着的是人家的口水，來來去去那幾句口號，沒有經過獨立思考感和反覆琢磨，思想非常脆弱。只要被扯離朋黨，剝下口罩，這些黑色的羔羊馬上龜縮了，像漏氣的氣球。

愛孩子，必須鑿破虛假的英雄感。凡是暴徒打扮的，警察就要搜身，並要通知校方和家長。校方和家長必須把黑色的羔羊導回正軌。一場反修例為名的運動，令社會損失一代人，令孩子失掉品格、是非觀念和同理心。這比經濟的損失更慘重。這也是對校長和老師最嚴峻的考驗，學生最需要你的時候，請永不要放棄他們。

(原刊於 2019 年 9 月 3 日《頭條日報》)

橄欖枝，還是稻草？

執筆之際，林鄭正會見多名建制派，表明撤回《逃犯條例》修訂，同時新增林定國及余黎青萍作為兩名監警會成員，但不成立獨立委員會。

消息傳出後，股市狂升，有好友寄予厚望會扭轉局勢。但我恐怕林鄭這一撤，只會令反對派氣焰更盛，局勢更惡化。一枝表面上向反對派求和的橄欖枝，實是壓倒駱駝的最後一根稻草！

林鄭早前宣佈修例壽終正寢可以止亂，卻適得其反，令反對派得寸進尺。如今怎能指望換兩個字就扭轉乾坤？林鄭自己不是說過，示威已經變質，無關乎修例嗎？為何今天的我打倒昨天的我？

反對派擺出「五大訴求，缺一不可」。訴求中除了第一條撤回修例外，第二、三條是奪取司法權，第四條是針對警察的獨立委員會，等於奪取軍權，第五條「全面落實雙普選」等於奪取政權。連月暴亂，示威口號是「光復香港，時代革命」。甚麼是革命？是推翻現政府。暴徒掉國旗落海、高舉英國旗和美國旗，是推翻一國兩制。近日保釋中的黃之鋒赴台參與台獨活動，擺明要港獨和台獨合流。此時撤回修例有何用呢？

林鄭聰明一世，怎會在最危急關頭，失去政治判斷力，作此無用之舉？有人說，因她得不到身邊人支持，也過不了自己一關，不肯引用最後一招以緊急法止亂，所以希望向反對派發出最後通牒——你若不收手，中央插手，就不關我的事了，就此全身而退。

路透社的錄音是她自知大勢已去的前奏。今天撤回修例，是擺出和平友好姿態，為全身而退，寫下定調。希望我的判斷是錯的，但若推測是對的，更大動亂就要來了。

（原刊於 2019 年 9 月 5 日《頭條日報》）

「爆眼女」的懸案

反修例風波愈來愈像偵探天后 Agatha Christie 筆下的懸疑小說。案情峰迴路轉，表面上打扮成受害者的、愈善良正義的、最沒有可能殺人的，極可能是兇手；被一致咬定「身有屎」，嫌疑最大的，才是無辜被屈的忠義之輩。

但反修例風波比 Agatha Christie 小說更離奇，因為後者的懸念只在於誰是兇手，死傷者起碼有名有姓。但由太子站被指毀屍滅跡的「死者」，到反對派的頭號武器「爆眼女」，身份是誰，大家不知道，卻火上加油，令暴亂愈演愈烈。

警方到法庭申請手令，向醫管局索取「爆眼女」醫療紀錄，希望查出真相、追查兇手。然而，爆眼女馬上發律師信，反對醫院交出資料。

如果爆眼女真的被警察布袋彈所傷，理應第一時間跳出來，以醫療報告作為鐵證，控訴警察，其家屬應挺身為她討回公道，她為何躲起來？直至上次忽然現身，又蒙面兼變聲，對於受傷細節含糊其詞。警察要求交出醫療報告，希望查出真相，反而是爆眼女害怕的真相！

Agatha Christie 的年代，沒有互聯網、沒有手機、沒有電視直播兇案。今天，資訊發達，每一秒每一個角落都有即時片段，真相明明在眼前，反而撲朔迷離，誰是真兇？誰是受害者？誰人被屈？更加羅生門。

或許有一點，由 Agatha Christie 到今天都未曾改變的，就是人性的邪惡、為了利益陰謀害人，以掩眼法蒙騙全世界。我相信，真相終有一天水落石出，邪不能勝正。

(原刊於 2019 年 9 月 10 日《頭條日報》)

太子站密室謀殺案

在愁雲慘霧的一片悲情裏，忽傳來一則笑話：最新消息！真相大白，太子站死者名單公開！

1）售票機 2）入閘機 3）消防喉 4）指示牌 5）扶手電梯 6）閉路電視

六名無辜枉死的死者全部被毀容，死狀恐怖，分屍手法殘忍，慘不忍睹。兇手以鐵槌行兇，槌槌攞命，是有預謀犯案。為毀屍滅迹，兇手更會在死者家門口縱火，令其家破「仁」亡。

兇手是連環殺手，除在太子站行兇外，亦在中環、灣仔、東涌站等行兇，至今仍然在逃，對於任何對其不利的目擊證人，如站長之流，更會恐嚇欺凌，包圍推撞，令兇案現場，人人自危，充滿白色恐怖。

兇手每次行兇後，都會在現場用噴漆留下八字暗號：五大訴求，缺一不可。這唯一線索，令探員抓爆頭。因為「六大死者」和五大訴求，大纜扯唔埋，懷疑兇手點錯相，或者精神錯亂，患上妄想症，分不清想像和現實。

但兇徒為轉移視線，把兇案現場的太子站，改裝為殯儀館，惡人先告狀，喊打喊殺說，前來緝兇的警察才是罪魁禍首。太子站兇案真是一宗離奇的密室謀殺案：誰是兇手不知道，誰是死者一樣不知道。太子站如果真有死者，為何沒有親屬出來呼冤？地鐵站每次有暴徒以鐵槌行兇時，常有眾多記者在場，電視台直播，但卻有成百上千的人，前來致祭，一口咬定，蒙面暴徒是拯救香港的義士，警察才是禍首！

總之，售票機、入閘機、消防喉、指示牌、扶手電梯和閉路電視都壯烈犧牲了，你們在天之靈，保佑我們，但願早日沉冤得雪。

（原刊於 2019 年 9 月 10 日《明報》）

鼓吹港獨的洗腦歌

幾天之內，一首鼓吹港獨的歌曲《願榮光歸香港》，響徹街頭巷尾，還齊備英文版和日語字幕版。表面上，眾人手牽手亮燈唱歌時，和諧團結，激動人心。此歌營造革命的激昂氣氛。MV 只見幾十萬人大遊行、燈光照耀獅子山的史詩式畫面，卻不見打爛立法會、毀壞港鐵站、圍堵機場、圍毆同胞、縱火等暴力場面。但違法和暴力的暗示，卻巧妙地藏在畫面中，在專業的 MV 出現的歌者和樂手，是蒙面黑衣戴豬嘴年輕人，一身打砸燒暴徒的裝扮，還刻意加入烽煙，暗示戰火。

暴徒粗言穢語暫時收起，但文雅的歌詞，正在鼓吹仇恨（淚再流／亦憤恨／昂首拒默沉）、呼籲勇武（為信念從沒退後／來齊集這裏／同行兒女）、號召戰鬥（號角聲／來全力抗對）、推動港獨（為正義時代革命／祈求民主與自由／我願榮光歸香港）。

革命就是推翻現政權。為甚麼要革命？不要搬出「警員濫捕」作為理由了。為甚麼要蒙面戴頭盔唱歌？擺明煽動違法暴動。如果推翻了現政權，誰人來執政？幕後大台一直躲在暗處，此歌由誰人所作？誰人出錢拍 MV？誰人策劃全港接力唱？你統統不知道。只是一味叫你上前線送死。

這是一場奪權的政治運動。反修例和五大訴求都是幌子，港獨才是真的。這首歌以「心理暗示」製造條件反射，對人的心理和行為產生影響，年輕人最易中招，一個貼地的字是「洗腦」。為甚麼唱國歌的人，會被這批唱港獨歌的人圍毆？因為暴力和仇恨的種子，已撒滿在洗腦歌之中，令人不禁會隨它的指揮棒起舞，犯下惡行。

（原刊於 2019 年 9 月 13 日《明報》）

矯情革命

　　所謂的「時代革命」，一直充滿了謊言、虛偽和矯情。週末夜，元朗有兩名中年漢，因政見被黑衣人打得血流披面。所謂義士不斷從左右夾擊，人多蝦人少，何義之有？當晚另外一人，被指撕走連儂牆上的便條，即使手無寸鐵，交出電話，跪地求饒，依然被打到「瞓低」。以民主之名搞革命，容不下一粒反對的聲音。

　　暴徒是以「七二一元朗白衣人事件」為名，儘管警方已拘捕多人控以暴動罪名，但仍死咬不放，以反暴力為藉口，用更大的暴力，當街欺凌虐打元朗人作祭品。

　　當示眾痛毆元朗人的遊戲玩完了，就有一班來歷不明的「義務救護員」從黑衣人羣中湧出來，要求幫忙包紮。若要救人，你為甚麼不在暴力發生時阻止？和暴力割席？既然你和暴徒拍住上，請不要偽裝救人，為暴行塗脂抹粉。

　　中年漢看穿這場戲拒絕包紮，不肯配合演出，便有記者嘲諷他說：「你為甚麼不自殺？」她是記者嗎？還是心腸惡毒的參與者？

　　這場暴亂假借反修例為名，奪權為實，打人、縱火、堵路⋯⋯無法無天，以任何法治國家都不能接受的特赦暴徒為訴求。焚燒國旗，高舉英美國旗，卻又不坦白承認是港獨和戀殖，一再假稱是因為政府不回應五大訴求，而被逼使用暴力。既然享受「破壞香港」的快感，拜託不要再說「守護香港」了，既然從虐待欺凌中感到亢奮，喪失同理心，就不要扮偉大，自封義士。

　　假義士、假醫護、假記者、假訴求，假民主，其實是真暴徒、真幫兇、真騙子、真港毒、真霸道。

（原刊於 2019 年 9 月 24 日《頭條日報》）

哀悼香港

香港已死！死因眾說紛紜，有人說是被縱火燒死的，腦燒壞、心燒黑、眼盲耳聾，全身大面積燒傷，由外面爛到入裏面，遺體徹底撕裂。疼愛她的親人，只管撫屍痛哭，哀鳴道：「這不是我認識的香港！」

亦有人說，香港是患上一種世紀瘟疫，由烏克蘭、敘利亞、利比亞等地傳入，年輕人抗疫力最低，病毒極速擴散，教會、醫護、記者和社工都易受感染，學校更成為重災區。患者的特徵是戴頭盔口罩、愛講粗口、有暴力傾向；打人、堵路、放火、最愛在商場及港鐵打爛公共設施。他們認定唯一可救治的藥方只有八個字：「五大訴求，缺一不可」，所以通街張貼。其實這帖藥方蘊含毒素，盲目服用的話，重要器官如「法治」必死，但是世紀瘟疫來勢洶洶，夜夜病發，週末尤其瘋狂，失去常性，我們像經歷從未見過的瘟疫，沒有抗體和疫苗。

亦有人說，香港是被謀殺而死，兇手是有預謀地綁架她作為人質，以為她是家中掌上明珠，要脅她娘就範。但她娘子女眾多，寧願香港獨立自救，拒付贖金。想不到她在被綁匪勒索期間，患上斯德哥爾摩症候羣，對綁匪日久生情，誤認綁匪是託付終身的歸屬！甘心為郎搖旗吶喊，非君不嫁，甚至配合綁匪一起犯罪。最後綁匪因為勒索不成，辣手摧花，把她虐待至死。

亦有人說，香港是患上自體免疫疾病，細胞不能辨別正邪，認出甚麼是入侵病毒、甚麼是內在健康細胞，自己打自己，這是不治之症，最終內耗而死。

香港之死，還有一個大家不敢說的秘密，就是她被政府斷錯

症、落錯藥，以為撤例和對話可以止咳，甚至不敢稱之為暴亂，但「綏靖主義」反令敵人氣焰更乖張。

　　猶豫不決錯過了救治的黃金時刻，死得冤枉！

（原刊於 2019 年 10 月 1 日《明報》）

今次毀港鐵，下次殺人

　　我進入了慘受酷刑至半癱、現已封閉的旺角和觀塘港鐵站。曾被暴徒敲打、如狂風掃落葉的碎玻璃，已被掃走及圍封；被鑿爛而廢武功的售票機及入閘機，貼上如藥水膠布的招紙掩蓋傷口，一打開便看到如蜘蛛網般的裂痕。在現場，我彷彿聽到暴徒刺耳的打砸聲、粗口和冷笑。

　　暴徒打開入閘機機殼，倒入可樂、茄汁、通渠水、檸檬茶等，又在磁帶機入口塞進膠水，令其失靈。服務台的玻璃都被打爛，電子設備全毀掉。暴徒臨走前打爛灑水系統，又以滅火喉亂射，大堂積水過了腳眼！由於水向低流，幾層電梯因而報銷，沙井積水幾及人那麼高，月台天花至今仍在滴水。

　　旺角站被灌水毀掉，觀塘站則是被烈火烤焦。服務台被燒成廢墟，仍殘留濃烈的燒焦味，可見目睹災劫的職員及乘客，其憤慨、恐懼和無助。在地面的升降機玻璃及機件全被打爛，令老弱傷殘寸步難行。朋友說，「私了」港鐵站的暴徒熟口熟面，是熟手技工。他們快閃破壞，因怕萬一警察掩至便逃不掉。

　　如果港鐵是人，她慘被心狠手辣的暴徒挖盲眼睛、毒啞嘴巴、打斷雙腳，用鏹水和鐵通毀容，灌以毒液令其腸穿肚爛，兼用烈火焚身。毀港鐵只為癱瘓香港，令我們屈服在暴徒的心戰之下。但港鐵像不死的英雄，只要有一口氣，抹掉血污都會奮力站起來，背負幾百萬香港人出入的重任，不屈不撓。

　　港鐵是我們的縮影，受盡誣衊和折磨，卻永不放棄，但暴徒是惡魔，今次毀港鐵，下次殺人！

（原刊於 2019 年 10 月 10 日《明報》）

尋「屍」啟示

自從太子站盛傳有多人被殺害、遭毀屍滅迹之後，太子站即出現史上第一間只有「拜祭者」卻沒有「死者」的「漂流殯儀館」。那裏香火鼎盛，鮮花不絕。被臨時拉夫打理靈堂和清理鮮花的，竟然是隨時被暴徒圍毆或燒死的港鐵職員！

最新鮮熱辣的「漂流殯儀館」，是剛從廢墟中重建的立法會。一班像撞了邪的議員，拿着白菊花追着林鄭月娥，要求她為示威「亡魂」負責，驟眼間以為他們是拜祭林鄭，「當佢死嘅」。

當議員還高舉「抗爭者亡魂」來質問政府之際，當今被炒作成最火紅的「烈士」陳彥霖古仔，已經「炒車了」！因為她母親接受訪問，直指女兒是自殺而非被殺，更哭訴她被起底、騷擾，飽受喪女之痛外，更遭第二次傷害。

陳彥霖被描繪成「烈士」，是因為運動出現疲態，等到頸都長的警察殺人事件沒有出現；以為「不日上映」的解放軍屠城，全無蹤影。反對派唯有作古仔，四出瘋狂「尋屍」，曾經路過示威現場的 15 歲陳彥霖的赤裸浮屍，變成天賜絕橋，正好堵塞漏洞。但運動爛尾，我們需要的不是尋屍，而是沉思。

其實，毋須再尋找亡魂了，未來肯定有大量供應！因黑暴導致百業蕭條，預計比沙士更差。2003 年共有 1 200 人自殺死亡，自殺率是 18.8%（每 10 萬人有 18.8 人自殺死亡），是 1997 年之後最高。去年自殺率本已回落至 12.2%，但未來失業、倒閉潮不絕，走投無路尋死的人多着。他們有怨無路訴，亡魂一定會來找你，放心。

（原刊於 2019 年 10 月 19 日《明報》）

比殺人犯更醜陋

　　陳同佳殺害潘曉穎案，將是香港史上最令人難以忘懷的謀殺案。它不僅暴露一個少男冷血殺害情人，更令人毛骨悚然的是，當港府嘗試修例為潘曉穎尋回公義時，政棍如何利用它，顛倒是非，觸發一場毀滅香港的暴亂。台灣的總統蔡英文毫不猶豫地為了謀取政治利益，置公義於不顧，厚顏無恥地認定陳同佳願往台灣投案，是有陰謀而拒他入境。政客比殺人犯更醜陋，犯下更大更恐怖的謀殺案，謀殺公義、真相、人性。

　　在政治利益面前，公義、真理，甚麼都可以犧牲。回想我們的特首林鄭月娥真是「太純情」了，為了令潘曉穎沉冤得雪，想要堵塞司法漏洞，修訂逃犯條例，以便把疑兇陳同佳送往台灣受審，引起軒然大波，予反對派天賜良機，將香港推向毀滅性深淵。我們犧牲了這麼多，是枉作多情。因為陸委會早說過，台灣不會同意與香港以「一個中國」為前提及侵害人權自由而修改的條例。當初即使成功修例，蔡英文一樣會拒陳同佳於門外。港府對於台灣在中美大國博弈中，所扮演的爛頭卒角色，太過天真無知了。民進黨 20 年來讓政治凌駕一切，連經濟都可以犧牲，何況公義？

　　無論在台灣眼中或在背後扯線的美國眼中，區區一個潘曉穎算甚麼？區區一個陳同佳算甚麼？連香港 700 萬人，都可以犧牲，還有甚麼不可以犧牲？香港只是一張牌，正如台灣都是，目的只在牽制中國。為甚麼七一毀壞立法會的人逃亡台灣？為甚麼台獨和港獨連成一線？誰在操弄這一切？香港人，醒醒吧！

（原刊於 2019 年 10 月 22 日《頭條日報》）

陳同佳五大啟示

弄出軒然大波的陳同佳，出獄後向全香港說的心底話，正合迷失在黑色風暴下的激進示威者聆聽。他的話有五大啟示：

一、一時衝動就可以造成無可挽救的錯事，為他人帶來很大的傷痛及痛苦之外，也令自己內心受責備、受譴責，毀了自己的一生，造成全盤通輸的悲劇。

二、陳同佳的照片看到滾瓜爛熟了，但當真正的他站在大家面前時，才發現他原來這麼年輕，個子這麼小。殺人犯是「冇樣睇」的。謀財害命，毀屍滅跡的陳同佳，不似窮兇極惡之徒。這引證我當過好幾年法庭新聞主管的經驗。我採訪過害人不眨眼的世界級逃犯蛇后或冷血殺手，往往面相平凡。每個人內心都有作惡的種子。聖經說，我們每天都遇到試探，若不好好管束內心的獸性，一時火遮眼、萌生貪念或受煽動，蒙蔽理智，便一失足成千古恨。

三、陳同佳由畏罪到自首，由惡走向善的轉捩點，是父母的支持和關懷，不離不棄。可見仇恨不能驅除仇恨，只有愛可以，黑暗不能趕走黑暗，只有光明可以。包容而非縱容，才可引導迷途羔羊。

四、管浩鳴牧師接觸和開導陳同佳，耐心教誨，並沒有要求特赦他，更沒有為他的罪行找藉口，要求網開一面，而是教他認錯，請求寬恕，陪伴他勇敢面對法律審判，即使最壞的結局是死刑。

五、陳同佳是真勇敢，敢於坦蕩蕩以真面目示人，勇於承擔自己的彌天大錯，面對世人的目光，面對自己，即使墜入陰險詭

謠的政治惡浪中，也不害怕。

人人都可以是陳同佳，不要高估自己。此刻的他比執迷不悔
的蒙面人更勇敢誠實，這一點值得敬佩。

（原刊於 2019 年 10 月 24 日《頭條日報》）

焚書

　　沒有甚麼比暴徒焚毀書店，更能象徵對知識分子的欺凌和侮辱。書店拉閘了，但暴徒仍強行撬閘，刺耳的敲打聲猶如鞭打，把玻璃櫥窗擊得粉身碎骨，再用烈火把書燒成一地灰燼，繼而以水喉淋濕書，把電腦五馬分屍，置書店於死地。像殺人狂魔，施以毒手後在罪案現場留下咒語：天滅中共！亦有兇徒留下一張「御用書店」名單，威嚇你以後別幫襯三中商。

　　身為中國人，卻欺侮中資書店。可知道三中商甚麼書也有出售，包括台灣書、英文書、教科書，屬於三中商自己出版的不到一成，書大都來自艱苦經營的書商。如今血本無歸，不知向誰追討，又怕心狠手辣的暴徒重臨，噤若寒蟬，眼淚在心裏流。

　　暴徒下毒手，是因為佔市場六成的中資三中商書店排斥異見作者，又曾冷待傘運書籍。焚書是為了復仇。

　　讓我以事實來駁斥這荒謬的污衊！由黃之鋒的《獄文字》、羅冠聰《青春無悔過書》、毛孟靜《我要真普選》到《This is AY —— 楊岳橋其人・其文》或其他傘運書籍，你今天仍能在三中商書店或官網買到。我當年為余若薇出過兩本書，以及為鍾祖康出過《中國，你憑甚麼》，兩者皆成三中商暢銷書，可見三中商並未扼殺政治異見者的書。

　　政治書熱潮快過，退書是家常便飯，正如報刊也有編輯自主，難道報館退你稿，你就去放火焚毀人家公司？

　　當威脅代替溝通、口號代替思辯、塗鴉當成藝術、野蠻取代文明，不查明真相便含血噴人。今天焚書，明天坑儒，還說追求自由民主，荒謬之極。

（原刊於 2019 年 10 月 25 日《明報》）

壞人囂張，好人沉默

「地獄裏最熾熱之處，是留給那些在出現重大道德危機時，保持中立的人。」— 詩人但丁

「這個世界不會被那些作惡多端的人毀滅，卻會因冷眼旁觀、選擇保持沉默的人而滅亡。」— 科學家愛因斯坦

「最大的悲劇，不僅是壞人的囂張跋扈，而是好人的過度沉默。」— 美國民權領袖馬丁・路德・金

有朋友對香港的血腥暴亂，擺出一副事不關己的高人態度，說：「我兩邊都唔幫！」亦有明哲保身的精叻朋友，勸我不要評論政治。「你又不去選議員，做乜理佢？我哋小市民咋。」

在陰雲詭譎政治惡浪之中，評論政治是高風險行為。但眼見香港滑向萬劫不復的深淵，街頭暴力升級，打砸搶燒摧殘香港，市民被圍毆「私了」、地鐵遍體鱗傷、交通燈損毀、道路被掘爛、凡中資機構都被破壞，我心愛的書店被焚燒，大學校長都被欺凌侮辱，學生被煽動當暴徒，我的心在淌血。

此刻，香港出現重大道德危機，是非顛倒。犯法、暴力、欺凌明明是錯的，但竟有人以「違法達義」的歪理，霸佔道德高地，誤導眾人不擇手段，毒害年輕人去當炮灰，令我痛心。

莫以為沉默，就可以自保。好人愈退讓，壞人愈囂張。覆巢之下無完卵。若再對暴力視若無睹，香港百年基業一朝喪。本來，你擁抱甚麼政治主張都沒所謂，問題是有人為了自己的政治圖謀，犧牲其他人的利益，破壞香港幾代人辛苦努力的成果。

不是要你在蒙面人肆虐時，挑釁他們，但在許可安全情況下，我們必須打破沉默，和暴力割席，是其是，非其非。香港亂局是一面照妖鏡，是考驗大家道德勇氣的時候。

（原刊於 2019 年 10 月 31 日《頭條日報》）

黑暴毀校園

以為陳彥霖事件，經媽媽出來澄清應告一段落。豈料，樹欲靜而風不息。前天，在她生前就讀的校園裏，再次爆發院長和蒙面學生對話遭禁錮欺凌、校園遭縱火及破壞事件。即使院長不適要送院治理，良久都不獲救護車送她離去。明明禁錮、縱火和刑毀是犯法，但沒有人敢報警。

這一切的目的何在？很明顯，五大訴求，追查陳的死因都是幌子，真正的目的，在於一個「反」字，反校長和老師、反政府、反警察、反法庭、反一切社會建制，革你們的命。

蒙面學生變了老師，真面目示人的老師變了學生。他反轉來教你要譴責警察暴力，你最好照做，如果不從，會受「蒙面老師」的懲罰、辱罵、留班（禁錮），還要肆無忌憚地縱火和破壞校園，讓人人生活在恐懼中，覺得生命受威脅，牆壁噴上的「五大訴求，缺一不可」就是新的「校訓」。

蒙面人不相信法庭，我才是法庭！要拿出幾多證據，證據可信與否，由我決定，即使拿出陳彥霖的出世紙和生活照，我話你不是陳的媽媽，你就不是！即使影到陳彥霖死前神情恍惚赤腳游走，連手機都遺留在將軍澳車站，神情和行為異常，但我話她不是自殺就不是，誰是殺人兇手，毋須審判我已有定案！

聲聲要追求真相，自己卻掩飾自己的真身，蒙面黑衣。

反對警察濫用暴力，自己卻肆無忌憚使用暴力。

說是為受害者討回公道，自己不斷製造更多受害者。

教育之地，慘成侮辱的刑場。最可悲的是，學生受仇恨所蒙蔽，以為暴力是解決問題的方法，隨時成為受害者之一。

（原刊於 2019 年 10 月 31 日《明報》）

天各一方

今日　你同我天各一方
你話為理想上街　我就繼續冇得去街，
但假如有一日　我地喺條爛晒的路上　偶然咁撞到
我會怒睥你，你會用粗口問候我一下
然後已經唔知講乜嘢好。
因為你會發現　我已經失業
正如你兇神惡殺　我唔再認出你，
但係其實你攬炒香港、同你既理想又有乜嘢關係呢？
我只係知道　喺呢一剎那　我想鬧醒你！
誰令我能情深一片　令我心猶如刀割
令我心靈難復恬靜　令我朝晚內心牽掛
重活往年文革噩夢　讓我精神難得安慰
讓我哋江河日下
其實　乜嘢先至係真實而恆久嘅呢？
或者我應該就咁保存住呢一份信念同希冀
俾我相信世上有一幸福唾手可得，又被你拋到九霄雲外
有時汽油彈擲咗過對面　一切會化為灰燼
反而放下屠刀　可以立地成佛
貪求革命只因癡　一切攬炒　暴亂都係徒然
今日你喺度放火打人　話為咗理想要整爛條街
我擔心第日要瞓街，
但假如有一日　我哋真係乜都冇晒　偶然你喺法庭度報到
我會可憐你，你或者會怒睥我一下　然後已經唔知講乜嘢好。

因為你會發現　你乜都冇晒　餘生都要喺監倉度過，

但係其實你犧牲自己、同你既理想又有乜嘢關係呢？

我只係知道　喺呢一刹那　我想鬧醒你！

（原刊於 2019 年 11 月 3 日《明報》）

懷緬光輝歲月

打鬥聲響起滿腦的問號

在我生命裏　傷痛帶點唏噓

黑黃藍色的信號……是甚麼意義？

你說為理想奉獻　顏色鬥爭中

暴力把擁有變做失去

血紅的雙眼帶着仇恨

香港只剩殘留的軀殼

告別光輝歲月　暴戾扼殺自由

面罩下誰沒有彷徨的掙扎？

誰說可改變未來？

試問暴力怎能做到？

可否不分顏色的界限

願這土地裏　不分你我高低

繽紛色彩交織的美麗

是因它沒有　分開每種色彩

攬炒把擁有變做失去

盲目的雙眼帶着歧視

孤獨是心靈的漂泊

懷緬光輝歲月　風暴中哪會有自由

鬥爭中卸下冷酷的盔甲

團結可改變未來

此刻就能做到

即使只有殘餘的軀殼

　黑暴未了，真兇是誰？

期望光輝歲月　相愛中重獲自由

人生不要殘酷的爭鬥

仇恨怎改變未來

齊心定能做到

Woo~Ah~

為了重現從前的香港

重建光輝歲月　風雨後重覓自由

人生難免痛苦的掙扎

自省可改變未來

任誰都能做到

Woo~Ah~

（原刊於 2019 年 11 月 6 日《明報》）

馬路上的噩夢

一夜，丈夫正要下班，但世界已發生巨變。因受遍地爆發的暴動波及，全香港交通癱瘓。連港鐵也遭嚴重破壞，史無前例地全港停駛了。巴士也因為堵路而不見蹤影。他叫天不應叫地不聞，唯有急電我。我救夫心切，管不得自身安危，從新界的家，黑夜飛車去救夫。

可怕的是，連他公司附近的路都被黑衣人封死了要避開，必須兜路走。我沿路和他緊密通話。哪想到在觀塘繞道落九龍灣支路，已感到不對勁，前面大塞車，寸步難行。正想倒車重上觀塘繞道，但尾隨的車輛已塞住退路，一切太遲了！

我果斷地迅速跳下車，站在高速公路上指揮交通！用手勢告訴後來的車前無去路，叫他們盡快倒車。我自己亦跳回車廂，倒車回觀塘繞道。幸好他們都聽我話，逐輛退後，我逆地心吸力慢慢倒車回到觀塘繞道，幾經曲折到了唯一尚未堵路的缺口，接了丈夫上車，但一出路口便見黑衣人堵路。別無選擇之下，兵行險着逆線駛上前面一條高速，駛至大老山隧道口，又遇上黑衣人以雜物擋住入口，我迅速扭軚移向旁邊行車線，避過障礙物後折返隧道行車線，進入黑暗的隧道才自覺重獲光明，鬆了一口氣。整個過程，我好像拍荷里活飛車片，駕了廿多年車，從未遇過全港馬路由黑衣人話事的「冷酷異境」。

前夜，在尖沙咀晚飯後，再遇上黑衣人堵路。究竟馬路上的噩夢，何時了結？

（原刊於 2019 年 11 月 12 日《頭條日報》）

暴大因何滅亡？

歷史會記載：暴大共和國成立於 2019 年 11 月 13 日，滅亡於 2019 年 11 月 15 日。

暴大迅速崛起，又剎那覆亡，不是敗在警察手上，而是衰在自己⋯⋯死因是一個「臭」字。有人在網上自爆：「無鹹水沖廁、無石油氣冲涼煮飯、無人識／願意洗廁所執垃圾⋯⋯愈來愈臭⋯⋯雨傘革命的經驗是：『因革命而一起，因洗碗而分開』。」

但我笑不出！受蹂躪後的中大，到處是垃圾、紙箱、汽油彈玻璃瓶，一地爛路和碎磚、縱火燒焦的痕迹。這班拯救香港的假義士是真玩火，都是不負責任的超齡「港孩」。

說甚麼「五大訴求，缺一不可」，就像小孩子扭媽咪買玩具。可憐香港就是這件任燒、任扭、任擲的玩具！當蒙面人向吐露港高速公路高空擲物、舉起弓箭瞄準司機、向警察擲汽油彈、鋸斷大埔道老樹堵路時，不顧屠刀下的是生人和活樹。我們為生計奔波，他卻在玩 war game，企圖謀殺，泯滅人性。

短視自私的烏合之眾，幹不了大事。三天之內，暴大便發生內閧。外來的勇武前線沒有知會中大生，便自行開記者會說釋出善意，願意開通一條行車線，但要脅政府答應區選不延期，當中大生冇到，看似民主的「冇大台」實是無政府主義的暴民政治。一見到勢色不對，逃之夭夭，一哄而散，警察不費一兵一卒，暴大自然死亡。

暴大是「光復香港，時代革命」的示範單位，三天便露底了。中大用數十年建立的校園和校譽，他們三天極速摧毀。你是否想香港也落得暴大的下場？

（原刊於 2019 年 11 月 18 日《明報》）

稚子無辜，良心何在

21 年前，我抱着不足兩磅的長女，在新生嬰兒深切治療部裏。她的手臂比我手指還幼小，像一隻可憐的小貓，全身像針包插着或綁滿各類電子儀器，天天與鬼神拔河。女兒一出世便因黃膽超標，須戴眼罩全身照燈。然後試過感染黃金葡萄菌，需要隔離。任何微小的病菌，足以殺死她。在住院兩個多月裏，每天生死攸關。感謝醫護的悉心照護下，女兒終於逃出鬼門關。

新生嬰兒深切治療部是慘烈戰場，我見過一個胖胖的男嬰，因出生時缺氧，全身泛紫，醫護爭分奪秒地搶救他，縱然最後男嬰因多種器官衰竭而救不到，但醫護人員視病猶親，絕不放棄，令我在旁看得淚流滿面。

然而，21 年後的今天，為何道德淪喪？為何有醫護變樣？竟有人挾持危在旦夕的 BB 作籌碼，和政府討價還價？有新生嬰兒的深切治療部，只有一個護士當值，負責 20 多個危嬰，服務幾乎崩潰！嬰兒沒有選擇的自由，癌症病人、需要通波仔的人、急症室需要救治的病人，都沒有選擇不病倒的自由，但你有啊！在最需要你的時候，你竟然棄病人於不顧。究竟你是否把病人的性命放在第一位？

最令人氣憤的是，有人把堅守崗位及見義幫忙的私家醫護大起底，非我即敵，散播白色恐怖，行為卑鄙。你說，封關是為救港，是為了人命，但此刻，就有成千上萬，在生死邊緣的病人需要你去救援，你為何可以視而不見？竟還自稱有崇高的理想，荒謬之極。

（原刊於 2020 年 2 月 6 日《頭條日報》）

周梓樂：愛的故事

去年底，科大學生周梓樂不幸墮樓身亡。有人謠傳是警察推梓樂落樓！藉此加深仇警，令運動升溫。一位大學高層告訴我一個不為人知的小故事。話說在千鈞一髮的時候，有科大學生操去見梓樂父母，唆使他們狙擊科大校長，譴責警察。

但出乎他們意料，梓樂父母很平靜地說：「梓樂死了，我們很傷心，但我們知道他的死，和其他人無關。梓樂是很愛科大的，以入到科大為榮。請不要做出任何傷害科大的事。」

聽罷，大家都靜了下來。梓樂父母從未責難警察。他們唯一替梓樂做的，就是把他的器官捐出來，遺愛人間。但政棍從不讓他們安靜地撫平喪子之痛，而是不停地消費梓樂，借他的死煽動仇恨！

最近，就有西貢區議員提出，把將軍澳兩個休憩處命名為「周梓樂紀念公園」及「陳彥霖紀念公園」。幸彥霖母親及時揭穿她未被諮詢，譴責議員在傷口上灑鹽！

此事演變成一場民主派互轟的鬧劇。區議會上，有議員將一袋「人血饅頭」倒向動議議員，指罵他們消費死者、「冇徵得家屬同意」。另一位議員即反擊，指在席所有民主派議員「都係靠食人血饅頭先入到（會議廳）㗎啦」，又指自梓樂死後，不少網媒用他的相片呼籲參與悼念活動，及設公眾祭壇，「冇人質疑有冇徵得家屬同意」！你一言，我一語，互相撕破彼此偽善的一面。

不知何時，我們才可像彥霖媽媽說，放下仇恨，放下顏色。又如梓樂父母，以愛而非恨，面對人生。尊貴的議員，如果輸了人格，最後，你會連政治都輸掉！

（原刊於 2020 年 3 月 5 日《明報》）

種族仇恨下的亡魂！

　　新冠肺炎令全球的種族仇恨升溫，但反華的浪潮，其實從未止息過。

　　我有一個多年沒法忘懷的傷痛故事，慘遭毒手的是我英皇書院的同學梁湘麒，兇手名字叫「種族仇恨」！

　　梁湘麒以七優一良的成績，考入英皇預科。他令我們望塵莫及，只能排隊影印他的筆記當秘笈，唯一一科他拿不到 A 的，是體育！我們戲稱他做模範生。他還彈得一手好結他，首本名曲是 *The Sound of Silence*。

　　模範生高級程度考試，四科全優。但他沒有在港大升學，轉而到美國費城州立大學攻讀經濟。三、四年後，當我們還在掙扎上位，他已輕取博士學位，成為虔誠基督教徒之外，更由「模範生」進化為「無良」！因為他愛上跑步，由白面書生，變成肌肉男，連體育也拿到優等成績，科科皆優、無良。

　　就在他回港舒展抱負前的夏天，一宗恐怖血腥的悲劇，降臨在「模範生」身上，他傍晚在公園跑步時，突然有一羣不相識的黑人圍毆他，揮動棒球棍猛向他的後腦襲擊，他送院時已證實腦幹死亡。我們一班同學驚聞噩耗，既震驚又悲慟，不久他傷重死亡。至於行兇動機，只有四個字 —— 種族仇恨。可恨黑人僅因襲擊罪獲輕判監數月而已，惹起當地華人憤慨。即使抗議，勢孤力弱，白人政府當你耳邊風。

　　我天才橫溢的好同學死了，但種族仇恨沒有死，在政棍煽動撥火之下，借着新冠肺炎的東風，愈燒愈旺。特朗普稱新冠肺炎為中國病毒，各地黃種人被欺凌、毆打、排斥和杯葛。

同學之死，令我對種族仇恨，恨之入骨；對任何暴力，勢不罷休。對於任何加諸於中國人的恥辱，我一定和你戰鬥到底！

（原刊於 2020 年 3 月 20 日《明報》）

是誰怕了許冠傑？

許冠傑演唱會絕口不談政治，但政治還是找上門。

羅冠聰在 FB 說：「在 2020 的香港，靠能力的向上流動變成親中親共的分贓犒賞遊戲，後生仔在街頭以血汗換取尊嚴的未來，所謂『團結向前』，也變成強權用來使市民噤聲的符號。」

演唱會不聽罷了，羅冠聰為甚麼要踩阿 Sam 兩腳？因為怕。許冠傑演唱會的信息，刺中要害！

社運如熊熊烈火不斷燃燒，全靠有人煽動仇恨和分化，如果大家都唱「但願日後，獅子山下，人人團結，永不分化」，怎樣搞你死我亡的鬥爭？

如果大家的心聲是「香港是我家，怎捨得失去它」，怎樣叫人攬炒、縱火、堵路、打人、毀壞交通燈吖？

如果學生哥「好溫書囉，咪淨係掛住……」，你叫阿茂出來搞運動？誰會在十一間大學以至中學搞搞震？包括辱罵、禁錮，甚至毆打師長？煽動學生參與襲警、製造火藥和炸彈？

如果年輕人都相信獅子山精神，憑努力和奮鬥，就可以像許冠傑那樣成功，誰還聽羅冠聰說「在街頭以血汗換取尊嚴」，落得前途盡毀，監都有得坐！

如果香港人都覺得「自由神像」只是「遠方迷霧」，「何須多見復多求，且唱一曲歸途上」，怎會有泛民議員到美國拜見權貴？在抗爭時高舉英、美國旗？還要卑躬屈膝，爭取美國國會通過香港人權與民主法案？香港人的事關美國啥事？

許冠傑是憑自己實力入港大，成為歌神。反而羅冠聰你，不就是犒賞遊戲的得益者嗎？單憑學術成績，能得到耶魯的入場券？

（原刊於 2020 年 4 月 16 日《明報》）

你有你警告，佢當你唱歌

你有沒有看過被通訊局「嚴重警告」，被裁定違反《電視節目守則》的港台節目《左右紅藍綠》？我難以置信如此歪曲事實、立論偏頗的言論，竟然出自教育大學講師蔡俊威口中！

在電視節目公眾頻道下，他尚且公開散播「不負責任，可視為仇恨的言論」，何況在無人監管的教大課堂上？他極有可能將這種有毒思想，植入準教師腦中，再經後者，灌輸到更年幼未能判斷真假的學童思想裏，造成嚴重後果。蔡身為學者，卻「歪曲資料原文意思或缺乏證據支持」，令人不寒而慄。

《左右紅藍綠》節目在 11 月 20 日出街，距離中大暴亂近 10天，警方在 18 日已經搜獲 3 900 個汽油彈，即使每十秒擲出一個汽油彈，都要 11 小時才能投擲完！中大二號橋更在 13 日有人拋擲物件落馬路，威脅市民的安危，暴徒又向警員射箭，理大圍困事件始於 17 日，有暴徒佔領紅隧。理大受到嚴重刑毀，縱火，化學品遭偷竊，滿目瘡痍，千多人被捕。

蔡俊威刻意使用非常強烈的措辭，例如「血腥圍攻」、「難怪連外國記者亦批評警方比 ISIS 更恐怖，近乎無血性無道德」、「以市民同埋學生作為活靶」、「報復式廝殺平民」等，將警方行動妖魔化。

為何港台可以讓這樣扭曲事實，煽動仇警的言論出街？究竟港台有沒有審閱蔡的講稿？為何由編導到廣播處處長，都對此視若無睹？為何通訊局發出「嚴重警告」後，港台只是把節目移除而已？港台會否懲處失責的職員？

至於教育大學，對於有違學者操守，有可能教壞學生的蔡俊威，又會如何處置？難道真是「你有你警告，佢當你唱歌？」

（原刊於 2020 年 4 月 23 日《頭條日報》）

攤牌

可能你會奇怪，為何疫情蹂躪下，經濟蕭條，許多人連飯碗都砸碎了！「攬炒」成功，還要繼續搞亂檔呢？有示威者引火焚身，由「非法集結」改控「暴動罪」，甚至有可能觸犯「恐怖主義罪」行，代價不是太大嗎？為何還要暴力抗爭呢？究竟在追求甚麼？

香港的亂局，離不開中美鬥爭。「反送中」，就是反中崇美，香港是磨心，年輕人被世界第一流的文宣迷惑了。最近宣佈的普立茲獎，以香港暴動的新聞攝影為大贏家，不斷美化和浪漫化暴亂，卻妖魔化警察和政府，明顯是用普立茲獎來操弄政治，居心叵測。

中美博弈，一步凶險過一步，最慘烈的戰場在香港！中美關係愈來愈惡劣，每當特朗普、蓬佩奧和彭斯大罵中國，香港馬上像有人接「柯打」一樣，在商場和街頭重演做到爛的劇本，「和你Sing」、「和你塞」，對白、歌詞、演員、服裝、武指和場景，都是陳腔濫調。立法會泛民繼續玩嘢，爆出早有預謀的彈藥：指控警務署助理處長陶輝「違章建築」或誣告一哥鄧炳強僭建等。雖然都是見慣的伎倆，但美方更狠更辣的招數，會逐步出籠。

中方亦已到了攤牌的階段，由拘捕李柱銘，到直指郭榮鏗違反誓言，有違職責，對美國在港頭馬「無面界」，可見北京忍無可忍，未來幾個月只會使出愈來愈強硬的手段。大亂，必須大治，中方已下定決心做一個大手術，切除積存的腫瘤，社會才能治癒。近日的香港再出發大聯盟，是用軟的一招，配合硬仗，要團結社會，對抗亂局。

大家坐穩未？記住戴好安全帶，起伏顛簸的下半年，即將開始！

（原刊於 2020 年 5 月 7 日《頭條日報》）

一個唔該，借「史景遷」使使！

近日有中史課本，引述耶魯大學著名學者史景遷（Jonathan Spence）《追尋現代中國》（*The Search for Modern China*）的資料。作者引述聲稱「整理」自史景遷的觀點，內容如下：「鴉片貿易是英國⋯⋯扭轉貿易逆差的重要途徑。若一旦禁絕，將嚴重損害英國的利益⋯⋯（林則徐）不明白英國的貿易狀況，也毫不考慮禁煙對中英關係的衝擊，輕率地單方面嚴禁鴉片，這顯然是不明智的做法，並最終釀成戰爭。」

我曾訪問史景遷，馬上從書架上取書重讀。史景遷指出自1729 年起，鴉片貿易暴升，因英商每年要以價值數百萬英鎊的白銀換取中國的生絲、瓷器、茶葉，帶來嚴重貿易逆差，遂把印度的鴉片運往中國，以交換商品，便可扭轉劣勢。史景遷說，林則徐「不想妄動，明知自己的海軍力弱，他以為靠施壓便能令對方屈服」。他稱讚「林則徐與道光皇帝均是克盡職守、勤奮工作的人」，但他們以為外商是頭腦簡單（simple childlike natures），順從道德訓誡，不幸現實複雜得多（unfortunately more complex）。史景遷說，當時已有官員指出，銷煙沒有解決鴉片問題。林則徐所不了解的細節（ramifications）就是當時清廷內有兩派意見，一派是支持把鴉片合法化，以致有英商大批囤積鴉片。這些英商把鴉片交給英官義律（Charles Elliot），希望林一旦銷煙，便乘機索償。

「（林則徐）輕率地單方面嚴禁鴉片，這顯然是不明智的做法，並最終釀成戰爭。」這句話從未出現在史景遷筆下，撰寫此中史課本的人，把自己的觀點偷運入去。一個唔該，借史景遷的名氣使使。

（原刊於 2020 年 5 月 7 日《明報》）

十三歲的記者

疫情未遏，暴亂又起。前日「全港和你 Sing」示威中，最矚目的「星」，是臉帶 baby fat 的 13 歲記者！

香港自以為文明先進的大都會，卻一次次眼睜睜地剝削小孩。星期天母親節，一個 13 歲男童，自稱是「Student Depth Media 深學媒體」記者，置身在黑衣人叫囂、警察如臨大敵的危險示威現場，可憐 13 歲男童，緊握着記者證當護身符。「深學媒體」名不見經傳，它究竟是甚麼？任用 13 歲兒童當記者，是否合法？想問政府有沒有部門，負責規管媒體？如果有傳媒請 13 歲記者去採訪，並發記者證給他，哪個部門去管？想請教記協，男孩的記者證是否有效？如果無效，記協會否發聲明澄清？如果獨留兒童在家都算違法，那麼任由 13 歲孩子在隨時會爆發示威衝突，以及誤墜法網的示威現場，父母有沒有疏忽照顧的責任？男童的母親，事後還洋洋得意地說，由得未成年的兒子當記者，是「面對下千年難得一見大場面」，打仗也是大場面，是否要讓兒子去當娃娃兵？

保護兒童，是文明社會最起碼的道德責任。法例不許 15 歲做童工，不許獨留兒童在家；不許 16 歲前發生性行為 —— 哪管雙方是自願的，不許管有少於 16 歲的兒童色情照片，不許 18 歲以下看三級片，因為社會要保障兒童。兒童心智尚未成熟，容易接受有害心智的訊息，容易作出傷害自己的行為。好一場由幕後黑手操縱的荒謬鬧劇！反映教育、家庭、媒體和政府在保障兒童上，千瘡百孔。過去被拘捕的 7 000 人中，逾四成是學生，我們忍無可忍了。如此傷害兒童，良心在哪？

（原刊於 2020 年 5 月 12 日《頭條日報》）

五大謊言，缺一不可

到了今天，時間像顯影液，把反送中運動的真相，暴露無遺：

謊言一：「光復香港，時代革命」

叫了大半年的口號，是美麗的包裝紙，掩飾政治「陰」謀。大部分演變成血腥暴動的示威，都是由「網民」發起。以「光復」為名，黑箱作業為實。被煽動參與「革命」的炮灰，矇查查犯了法，才發現沒有人撐你。「時代革命」更虛假，推翻現有政權後，誰來主政呢？政治綱領和領袖是誰？時間表、路線圖是甚麼、有成功機會嗎？

謊言二：社運，令香港更自由和民主

由六月開始，我生活在恐懼之中：街上堵路，天橋有人射弓箭、投重物，校園成為軍火庫，交通燈毀壞，過馬路提心吊膽；在商場，隨時有黑衣人搗亂、在聖誕樹上縱火，急於逃命；政見不合，會被私了！

謊言三：和平示威沒用，暴力是唯一解決辦法

這句話，煽動了多少人犯法。在 7 549 名被捕示威者當中，3 091 人（43.6%）是學生或兒童。暴力沒有解決任何問題，而是製造問題，摧毀香港，破壞許多年輕人的前途！

謊言四：不會拋棄年輕人，不割席

推年輕人送死的政棍，聲聲說：「對不起年輕人，不能放棄他們，不會與其割席……」現實是，你幾時見過政棍的子女去暴動？李柱銘的獨子曾在五星級酒店迎娶莎莎太子女。如今，年輕人陸續受審，已被棄如敝屣。

謊言五：攬炒，為了更美好的明天

攬炒，推冧香港經濟，令遊客絕跡，飲食、零售……重創，失業率升至十年新高的百分之五，畢業生頓成失業生。政棍犧牲香港，撈政治紅利。香港被推向痛苦的深淵……

當美麗花紙剝落，醜陋真相暴現！

（原刊於 2020 年 5 月 21 日《頭條日報》）

第一個試《國安法》的人

《港版國安法》有如核彈，令全港驚愕。

這是經過深思熟慮的部署，緊隨其後起碼有十步棋。西方陣營的反制措施、港台的文攻武略，都已計算在內。所以，由去年6月波濤洶湧的反送中運動，北京除了譴責外，一直按兵不動，既要觀察中美關係的變化，亦要尋求黨內共識，擬定全盤計劃。

棋局下棋者，是中美最高領導人。在香港叫囂恐嚇的政棍、心口掛個勇字的爛頭卒，茄喱啡而已。政治，最終是實力的比拼。

《港版國安法》提請審議之日，是台灣蔡英文宣誓兩天後，意味着美國會以台灣牌和香港牌，左右開弓，打擊中國。更重要的是，中美關係已差無可差了。4月下旬開始，在美國撐腰下，不同國家就新冠肺炎向中國索償，金額可能達一百萬億美元，相等於七年中國 GDP。這是全球的政治角力。中國絕不退讓，率先向澳洲怒徵澳洲大麥八成重稅，並有消息指可能停用澳洲煤。可見如果對方刻意挑釁，中國必奉陪到底。

《港版國安法》此時平地一聲雷地出來，迄今美方仍然沒有太大反應。一班唯美國馬首是瞻的泛民，剎那間進退失據。因為今後遊戲規則變了，「反中」需要付上沉重的代價。

戴耀廷在〈真攬炒十步 這是香港宿命〉一文中說：「與其被當權者逼到崖邊跪地求饒，不如主動反撲，把他也拉下崖。」他怎可能不知道，北京和香港實力懸殊，香港只會攬炒自己，而在領土上訂立《國安法》，舉世皆然，西方怎能憑此對中國實施制裁？

恐怕第一個自己跌落崖，以身「試」《國安法》的，就是戴耀廷自己！

（原刊於 2020 年 5 月 25 日《明報》）

黑詞語

反對派是文宣高手，在反修例運動中，一直操縱了話語權，連市民和建制派都不自覺用了敵人的語言，用其精心設計的包裝紙，掩飾滔天大罪，其中三大遺害最深的黑詞語如下：

一、私了：彷彿圍毆者和被毆者有私人恩怨，用黑幫家法，私下了斷，和他人無關……但這完全是錯的！被黑衣人圍毆的市民，例如被打至重傷的陳子遷律師，他和黑衣人互不相識，無仇無怨，只因不滿被無理堵路，便被暴徒重擊頭部，用雨傘刺大動脈。事後他及家人更被起底，網上欺凌，又像綠衣大叔被燒至重傷。這絕非私人恩怨，而是公然謀殺！黑衣人欲騎劫香港人，扼殺市民出行及言論自由，藉這些殘酷畫面，散播黑色恐怖，令全港噤若寒蟬。

二、裝修：像滿黑色幽默，無傷大雅，其實是赤裸裸的刑事毀壞，恍如黑社會恐嚇手段，令反對者屈服，最經典是美心太子女伍淑清，只是在聯合國批評反修例運動，其後美心集團便遭黑衣人搗亂、燒毀，食客被驅趕，無法無天。一句「黨鐵」將港鐵污名化、肆意破壞。「裝修」破壞的不僅是死物，而是耗盡心血累積的財物，剝奪市民使用的權利，令全港滿目瘡痍！

三、警民衝突：示威經常演變成放炸彈、襲警、堵路，甚至向警察割頸和擲汽油彈入警署……但有些新聞報道卻稱之為「警民衝突」，將其漂白。暴徒不是因事故和警察起衝突，而是有計劃、組織、預謀犯案。稱暴徒為市民，是混淆視聽，妖魔化制服暴徒的警察，以便大條道理罵警察襲擊「市民」！

反對派藉這些潮語誤導市民，美化邪惡的暴行，我們必須拒絕跌入其語言陷阱，重新掌控話語權！

（原刊於 2020 年 5 月 28 日《頭條日報》）

談利弊　是魔鬼的交易

　　DSE 歷史科爭議試題問是否同意：「1900-45 年間，日本為中國帶來的利多於弊」，答「利多於弊」的竟有 38%，令人震驚，為香港教育敲響喪鐘！竟把人道主義災難的日本侵華，放在利與弊的天秤上，猶如街市買菜，問人命值幾錢斤，和「利」字相比，值唔值得？

　　日本侵華，是掠奪中國土地、資源和人命，是赤裸裸的霸權和屠殺，涉及絕對的價值觀，大是大非，豈能以利弊視之？這是轉移視線，和魔鬼做交易，以日本人的目光去看這段中國血淋淋的歷史。

　　還記得捧出黃之鋒的「國教事件」嗎？港府千夫所指，被指向莘莘學子推行洗腦教育。但國民教育，舉世皆然。試問哪個國家不教子民愛護祖國？美國華盛頓的博物館和歷任總統像、荷李活電影，英國、日本……唯獨在香港推行國民教育，卻被妖魔化而被迫腰斬，任由反對派施行另一種洗腦教育，去中國化。答「利多於弊」的 38% 學生，就是反中媚外的洗腦教育成績表。這和立法會議員侮辱同胞、隨日本侵華時稱中國人為「支那人」，是同一個鼻孔出氣。

　　去年 6 月中開始的反送中運動，鼓吹攬炒，也是以「利弊」來移形換影，作出「魔鬼的交易」。火燒人、磚殺人、堵路、燒地鐵、圍毆、塞機場、趕遊客、打砸飯碗、推冧經濟，是為了奪權，為了所謂民主自由的「利」，一切人命財產的「弊」都可以接受。人們基本的生活自由、免於恐懼的權利都被剝削，財物和人命都當死物！守法和人命是絕對的價值，不容議價。你下一道題是否：「攬炒是否利多於弊？」

（原刊於 2020 年 5 月 28 日《明報》）

全家被下追殺令！

還記得去年 11 月 11 日是甚麼日子嗎？暴徒發起號稱「黎明行動」的三罷，將全港推入暴力的陰霾中去。先有馬鞍山綠衣大叔，因政見不同被人潑汽油在身上，點火暴燃！中大變成戰場，汽油彈橫飛，校園陷入火海，還有西灣河有警長在早上清理路障時落單了，被黑衣人包圍，有人拿鐵通，有人涉嫌搶警槍⋯⋯電光火石間，警長鳴槍三響，其中一槍打中涉嫌搶警槍的黑衣人。

這一槍徹底改變了警長命運。他變成狙擊目標，全家被追殺！

案發後半小時，警長被徹底起底，他的住址、電話、電郵、社交網絡、身分證號碼、妻女的照片，全部被放上網，個人資料被武器化。有人警告要殺死警長全家，放火燒他屋企，有人粗言穢語打電話咒罵他，有人用他的資料去借錢⋯⋯有人威脅要到學校把她的女兒擲落街！警長感到世界就在眼前碎裂，他將失去一切。

他任職女警的太太，正身在另一個戰場 —— 烽煙四起的中大執勤，聞訊後，馬上趕去救女。警方派重案組四出尋找警長女兒，幸兩女無恙，她們雖保住性命，卻在校園遭受欺凌而退學。警長被迫辭任家教會主席，單獨入住保護屋。

警長不過是清走路障而已，為何會被人包圍？開槍案都是警長一人的事，為何株連家人受死亡恐嚇？涉案青年已被控搶槍等罪，為何立法會議員許智峯會私人檢控警長呢？

這是精神上的謀殺，有人想透過狙擊警長，向全港警隊、向想安居樂業的港人下戰書，散播恐懼。但邪不勝正，存歪念的人永不會得逞的。

（原刊於 2020 年 6 月 18 日《明報》）

紅蘋果、黑滋味

看到《蘋果日報》慶祝 25 週年，百般滋味在心頭。《蘋果日報》不僅是一張報紙，也是一把利刃，把香港報章徹底從它的傳統中割裂，把新聞武器化，不擇手段賺錢、妄顧香港人利益，以達到政治目的。

還記得陳健康事件嗎？1998 年 10 月，在上水天平邨發生婦人因不滿丈夫包二奶，攜兩子跳樓自殺的倫常慘劇，《蘋果日報》記者找上了丈夫陳健康，向他提供 5 000 元，讓他北上召妓拍下獨家照片，作為頭條新聞，猶如在傷口上灑鹽！據說，編輯部對於是否刊登此新聞是有爭議的，最後是由黎智英拍板。黎在社會壓力下登刊致歉，表示深切反省。

我作為一個女性及母親，最難接受的是性剝削。賺錢第一，道德第二的基因，卻流淌在壹傳媒集團的血液中。2006 年，14 歲 Cream 成員李蘊被《一本便利》拍下濕身照，後來被控告涉嫌發佈兒童色情物品，告上法庭，壹傳媒重金禮聘大狀，最後打甩了官司。李蘊當時表示「仍未從傷害中完全康復」。

蘋果和壹傳媒文化，是把「人」物化了。去年，暴力橫行，到處刑毀公共設施，圍毆和火燒政治異見人士，因為施暴的人相信「它／他們不過是死物」而已。無論是名人明星，或者是敵對的政治人物，壹集團為達催谷銷量或攻擊目的，就會被人格污衊和醜化。人，工具而已，人們抵受的傷害，它不當一回事。只要翻開《蘋果日報》娛樂版，女明星永遠冠以其年歲行頭，務求令她尷尬，就是「物化」的最佳例子。

《蘋果日報》25 年前為香港報業起革命，地位不可代替，但它自己也被物化了。為達目的，變成被犧牲的工具。

（原刊於 2020 年 6 月 23 日《頭條日報》）

紅十字會之黑色風暴

　　以人道精神服務社羣的紅十字會，於本週二派出流動捐血隊，在九龍灣輔警總部舉行血液收集活動時，有一名抽血員身上佩戴示威飾物，上面寫着「黑警死全家」、「對抗警暴」等字樣，惹起警員不滿，警方要求主管提供該職員名字遭拒，雙方溝通不果，不歡而散，捐血隊拉隊離去。

　　中心事後承認有員工服務態度未如理想，「對事件引起誤會致歉，會作跟進」云云。但問題真是因為誤會嗎？

　　香港紅十字會輸血服務中心之外展捐血隊，是醫管局轄下機構之一，理應根據既定之制服及服飾指引。他佩戴「標語性飾物」已嚴重違反了聘用合約及專業守則。

　　這名抽血員心懷置警察於死地的仇警情緒，是否適合做醫護？明知自己仇警，為何不主動要求調離，不去輔警總部當值？他不僅不退，還乘機借「抽血」變「抽水」，向警方挑釁。要知道，抽血有一定危險性，他的行動破壞了彼此的信任，搞垮團隊工作，污衊了紅十字會的聲譽。

　　至於捐血隊主管，不察抽血員服飾有問題，已是嚴重疏忽。當抽水抽出火水，被警員投訴時，主管不採取行動，承擔應有之責，有違工作專業操守。當警員要求知道此戴上示威飾物的人員名字。為何主管不允？他是想偏袒他免遭投訴嗎？此害羣之馬做得出，為何不肯承擔後果呢？

　　香港紅十字會輸血服務中心是香港唯一提供醫療用血液的機構，是次因主管及抽血員的錯誤和處理不當，導致捐血服務腰斬，錯過了補充血庫的機會，實乃醫療過失，應接受處分。

　　事件反映，蒙蔽理智的仇警情緒蔓延醫護界，必須正視。

（原刊於 2020 年 6 月 27 日《明報》）

孤狼的刺殺行動

有人說：《國安法》如定海神針，香港終於有安樂茶飯吃了，卻完全低估了反動勢力的暗湧！今天香港，是最安全的時候，也是最危險的時候，因為孤狼的刺殺行動，不顧後果。

去年反修例運動號召幾十萬人上街，即使《國安法》最高刑罰是終身監禁，依然有數萬市民湧到街上，足證許多人心未回歸。

孤狼被情緒蒙蔽理智，他們看似窮兇極惡，但揭開了神秘面紗後，你赫然發現，這些亡命之徒竟像隔鄰乖孩子，甚至是天之驕子，涉嫌在銅鑼灣刺傷警員的疑兇，懷疑是港大土木工程系的畢業生！

兇案發生後幾小時，他倉皇逃走後卻疑似被人舉報，讓警方在飛機臨起飛前十幾分鐘即場逮捕他。他身懷利器，早有做刺客的意圖，為甚麼又落荒而逃呢？留下住在公屋、望子成龍的老父一臉茫然，是何等傷心。

另一個令人吃驚的，就是有人假扮義務急救員，騎着電單車，豎起「光復香港 時代革命」的黑旗，在馬路上飛馳，然後在灣仔謝斐道附近，高速衝向警員防線，是自殺，也是謀殺！他只是廿來歲的青年，臉上有點 baby fat。為了威武幾分鐘，賠上一生，值得嗎？這又能夠改變甚麼呢？

這班「烈士」更像孤兒，幾小時內紛紛落網，既被煽動他們行兇的人遺棄，又被身邊的熟人出賣行蹤。響噹噹的政治明星聰明多了，若非跳船，便是在冷氣間開記者會吹水，或在銅鑼灣擺街站，出風頭兼撈油水。哪會像傻小子當刺客這麼笨。

醒目政客是機會主義者，懂得吹水、掠水和散水。亡命刺客，不過是政治波濤中一朵小浪花而已。

（原刊於 2020 年 7 月 3 日《明報》）

抽水、掠水、散水

《國安法》如一石激起千重浪，吹皺一池春水，又如一面照妖鏡，映照各路人馬的真面目，看出貪婪、自私和偽善的人性。

第一類是抽水派。正如前特首梁振英說，有些黃媒、大狀及議員，危言聳聽，惡意批評《國安法》會以言入罪、羅織罪名把反《國安法》的人拉去坐監，大撈政治本錢。但他們口沫橫飛，正好說明《國安法》並非剝奪大多數人的言論自由，只是針對極少數的勾結外國勢力、顛覆國家等嚴重罪行。這些政棍都是機會主義者，只是吹水唔抹嘴、抽水而已。

第二類是掠水派。有人在七一抓緊機會在銅鑼灣擺街站，捧着籌款箱撈油水，直至被警察驅趕。但論貪心，他們不及另一批急急在《國安法》實施前解散，卻片言隻語都不交代市民捐款去向的港獨派。他們如小販走鬼般，話走就走，把捐款也捲走了，對得起捐血汗錢給你的支持者嗎？實現民主是遙遠的，但對錢銀誠實交代，是眼前可達之事，而你們通通「肥佬」了。

第三類是散水派。羅冠聰之流最令我打冷顫。去年 8 月他去耶魯鍍金，可見他是「叫人衝，自己鬆」之流。着草就着草，他卻死都要「化濃妝」美化自己，說甚麼「制衡威權⋯⋯國際戰線」。亡命天涯，且看魏京生和王丹等人落泊他鄉，就知道你的未來。

還有參加黃色經濟圈的見利忘義派，一見勢色不對，便急於劏走連儂牆，劃清界線。不是說過核爆都不割席嗎？這些集抽水、掠水、散水於一身的醒目仔，幫襯過他們的，只能嘆句做了「水魚」。

（原刊於 2020 年 7 月 7 日《明報》）

黎智英走錯哪一步？

天濛光，手機響不停，警方以黎智英涉嫌違反《國安法》，勾結外國勢力，把他與親人親信等九人拘捕。黎智英在七一頒佈《國安法》時，似預感大難臨頭，曾希望不要影響家人，如今兩子落網，壹傳媒被搜查，對他是迎頭痛擊。

黎智英 30 年來，在傳媒和政界呼風喚雨，他是泛民的水喉、黨鞭、大腦……他連特首都敢侮辱，因為背後有大靠山，沒有人敢動他一條毛。

以往，他最多利用傳媒賺錢、抹黑和醜化官員及政敵，散播反中思想。但去年黑暴他跨前一步，以為香港數以百萬計的人被催眠了，可以藉反修例運動，用暴力和攬炒，奪取香港政權，令香港成為西方控制的傀儡，從而危害中國的政治穩定，因而犯下重大的戰略性錯誤。

他煽動羣眾運動，然而羣眾運動易放難收，踐踏國旗、去中央化，策劃 35+ 奪取立法會和任命特首的權力，觸碰了北京的底線，顯示他不了解對手北京的限度，他低估中央為國家安全而清剿反中勢力的決心。

成功像酒一樣迷醉人，聰明絕頂的黎智英漸漸忘了分寸，多次赤膊上陣，在未獲不反對通知書下，率領羣眾上街，毫不掩飾他是美國在港利益的代理人，多次在被通緝的左右手 Mark Simon 陪同下赴美。去年 7 月，黎智英在美國會見副總統彭斯，要求制裁參與打壓行動的「香港特區及中國內地官員以及其子女、家人及財產」。上週五，他終得償所願，萬料不到的是，他竟成為中方報復美國制裁的犧牲品！

黑暴運動奪權不成，反予中央頒佈《國安法》及犁庭掃穴的機會，最接近成功的一刻，也是走向失敗的一步。

（原刊於 2020 年 8 月 11 日《頭條日報》）

他在捍衛，還是扼殺新聞？

　　黎智英以涉嫌違反《國安法》被捕，有新聞界人士嚴重抗議，認為拘捕他，等同扼殺新聞自由。

　　年輕時我非常欣賞黎智英，覺得他有魄力，為新聞界帶來新氣象，更前後共六年在壹傳媒打工。

　　第一次是在《忽然一週》任記者，離職不久即發生「忽週事件」，封面故事作古仔，竟稱上市公司主席潘迪生患癌，引起軒然大波。但為谷銷路，乜都做得出的作風沒變，《蘋果日報》又發生「陳健康事件」，記者界錢倫常慘案男主角嫖妓，吵嚷一輪，由黎智英道歉了事。

　　多年後，我到《壹週刊》做人物訪問和法庭新聞主管，不是箭頭，尚算風平浪靜，直至當上港聞副總編輯，才發現職升得愈高，愈要扭曲是非黑白，內心痛苦，對黎的好感愈加幻滅。

　　新聞自由？工具而已，為賺錢、為政治，總之為達目的，甚麼新聞原則和道德都可以拋棄。

　　有一次，在李嘉誠和黃公佈業績前夕，和黎智英開封面會，他望見李嘉誠三粒字，兩眼發光，因為封面出現「李嘉誠」最賣錢，便問有何好妙計把故事包裝成封面。

　　財經副總面有難色。黎智英靈機一觸說，封面標題就叫「李嘉誠王國崩潰！」嚇得我們幾乎從座椅上掉下來。

　　大佬，我們做新聞，不是拍電視劇呀！幸好最後不夠料砌不成封面。不久我離職了。

　　黎智英把新聞視為政治鬥爭工具的作風不變。太子站殺人事件、新屋嶺強姦事件……有何證據呢？但求把仇恨灌注入心，以

達到毀滅香港的目的。

　　把扼殺新聞原則的野心家，奉為捍衛新聞自由的大英雄，我真是大開眼界，無話可說。

（原刊於 2020 年 8 月 12 日《明報》）

為何黎智英不走佬？

我們身處一個深不見底的大棋局中，中美兩個巨人在下棋。

可曾奇怪，為甚麼黎智英呼風喚雨 30 年，今朝忽然連兒子和親信都一網成擒？

這是因為北京對港政策徹底改變，由從前避忌西方制裁，對以黎智英為首的英美利益代理人，投鼠忌器，到如今中美擘面，中方索性放手一搏，堵塞香港這個反中的橋頭堡，國家安全攸關，決心整頓。

《國安法》是雷霆手段，就是要清剿反對派。從前港府也像被綁着半邊手腳，今天終可以硬起來。中美拳來腳往下，美國愈是加快制裁陸港官員，中方愈要加速拘捕黎智英行動。黎智英是大棋局上的馬前卒。有人說黎智英是新聞自由的風向標，這是醜陋的誤會，他其實是中美關係溫度計才對。

為甚麼黎智英不走佬？大家難道忘了黎智英早前因數罪纏身，代表律師曾多次要求更改保釋條件，要求法庭准許他離港嗎？結果都無功而還。

為甚麼老細不安排他着草？如果連小頭目都能棄保潛逃，為甚麼黎智英不能？因為黎智英不是羅冠聰囉，類似魏京生和王丹的閒角太多。黎智英是反對派的金主、炮台、主腦，對於老細來說，黎智英的利用價值，必須他人在香港。至於夥計的死活，何曾是老細關心的？

台灣傳媒形容黎智英被捕是「斬首行動」，反對派失去領頭人一定惶亂。黎智英恐怕亦一早料到被捕，寫好劇本。被捕翌日，怪象頻生，報紙加印至 60 萬份，製造聲勢，跟着有大行在

股市興風作浪，推高壹傳媒股價，令其狂漲。但這一切都是虛火而已。

　　《國安法》如定海神針，香港政治對抗的局面大定，拘捕行動陸續有來。

（原刊於 2020 年 8 月 13 日《頭條日報》）

中央軟硬兼施　反對派怎辦？

香港的政治波譎雲詭，猶如奇招突出的棋局。

《國安法》如尚方寶劍，雷厲風行。上週一，警方以涉嫌違反《國安法》等罪名，拘捕黎智英等十人，被台灣傳媒稱為「斬首行動」，震撼反對派，既凍結五千萬資金，又直搗黃龍搜壹傳媒。這下是做給美國看，你在香港的頭馬，我都敢拉；若要攪局，我奉陪到底。

一手硬之後，忽來一手軟。拘黎翌日，人大常委公佈容許立法會延任不少於一年，放 DQ 議員一馬，這高招既安撫了林鄭，令她毋須面對立法會延任的人選問題而引發政治危機，專心抗疫。這軟功抓大放小，分化瓦解了反對派。局長曾國衛說，體會民意，全體留任。泛民又如何體會「民意」呢？

本土派初選勝利者惱了，覺得被出賣。個別激進派無位可上，或會退出江湖，而在初選中落後甚或被踢出局的，怎捨得權位、俸祿和下屆競選的資格？必定搬出漂亮的藉口，「勉為其難」接受延任。冒着疫情高風險下，排隊參加初選投票的幾十萬黃絲，下次還會上當出來當茄哩啡嗎？

這是中國人幾千年的政治謀略。利字當頭，讓你們鬼打鬼。其實，誰是莊，誰是閒？勝負已分，主動權在我。一心要大鬧天宮，偷走王母娘娘蟠桃的孫悟空，飛不出如來佛祖的五指山了。

我不是說香港形勢大好，大家安枕無憂。相反，英美在香港的勢力被削，報復和反彈必陸續有來，因為這牽涉到中美角力的大佈局。至於吃了廿多年反中崇美奶大的年輕一代，不易醒覺。未來一段日子仍有不少高速掟彎，大家綁好安全帶看戲吧。

（原刊於 2020 年 8 月 16 日《明報》）

世紀大騙案

「八三一」之所以轟動，一是盛傳太子站有人被警察打死，二是傳說警方向被捕人士使用性暴力，最出位的自稱受害者是中大女生吳傲雪。

昨天，太子站死人事件的主角「韓寶生」突然翻生，自稱沒失蹤，沒變成浮屍，真名是王茂俊，他畏罪出走英國。既然自己最清楚警察太子站打死人是假的，為甚麼不挺身指證？他推說已經澄清，但被網民質疑他是假的，但昨天不是成功澄清了嗎？

他稱，一再在沒有證據下中傷警察打被捕者。對於涉嫌犯下的罪行，他推說是藍絲煽動，又說：「人在江湖，身不由己。」他為甚麼不能為自己做的事負責？一個有份欺騙全香港、涉干犯暴動等八宗罪，還棄保潛逃！為甚麼扮受害者？

另一個假扮受害者的吳傲雪，她投訴以一級榮譽從中大幼兒教育學士學位畢業，但求職沒回音，報讀某校碩士課程，教授私下表示，擔心取錄她會影響學校撥款。她是否患了失憶症？ 去年在校長段崇智和校友對談會上，是她突然揭開面罩，透露曾遭警方以「性暴力」對待，還對段崇智說：「你是否知道新屋嶺的搜身室全黑，你是否知道不只我一人受到警方性暴力。」連《蘋果日報》都以「新屋嶺受害人首公開除口罩」報道。其後她連番改口，說事件發生於葵涌警署，「性暴」本質原來是「非禮」。她知否指控警方性暴力是嚴重指控？為甚麼不報警就其指控作證？她知否成為過街老鼠，是誠信而非政治問題。

兩人都想誣陷別人卻自食苦果，現在假扮受害者博同情，令我想吐。

（原刊於 2020 年 9 月 1 日《頭條日報》）

只有假話才是真的！

「8‧31」一週年，浮屍突然翻生！還現身說話⋯⋯澄清在網上流傳被警員壓在太子站月台電梯旁地上的男子，就是他！他是「王茂俊」，卻以訛傳訛變成「韓寶生」。他當天被拘捕。今年 6 月被加控八條罪包括暴動罪，現已流亡到英國。

在他被拘押期間，有人拿出荃灣浮屍的照片拼湊，咬定「韓寶生」已經被警察虐打致死了！

「我都係出番嚟先至知道，自己喺網民眼中已經死咗。」王茂俊接受「立場新聞」訪問時說，嘗試在網上澄清自己沒有死，而他也不是韓寶生。「竟然有好多人做網絡偵探，質疑我係假嘅。」

他的情況一如陳彥霖媽媽，只要不符合「劇本」，便被咒罵成「假扮」。他作為一條「浮屍」，是「劇情需要的道具」。他必定要死！大家晚晚設靈堂和獻花，誓神劈願幫他沉冤昭雪。但當他彈起身說我未死噃，便如過街老鼠，令他感到「腹背受敵，有口難言」。

學拍電影的王茂俊，正在消耗他的真實人生來參與比電影更荒謬的劇本。「衝又係我哋衝，畀人拉就我哋畀人拉，文宣又搵我哋做題材，但真係尋求協助嗰時，都會覺得自己變咗 condom。」

王茂俊並非省油的燈，而是借黑暴順風車，吃煽情大茶飯的團夥。他雖沒親眼見到，但一口咬定「我知道有其他被捕人士畀警察拉咗上房打」。他自己也繼續活在「嗡得就嗡」的仇警大劇本中。

即使連「浮屍」都否認自己死了，但我敢打賭黃營不會輕言放棄「八三一」靈堂，續有癡男怨女獻花哀悼；因為反送中運動是一個「大得不能倒」的騙案，只有死人才能存在，只有假話才是真的。

（原刊於 2020 年 9 月 1 日《明報》）

冤魂復仇

　　臨近鬼節發生連環怪事，令人感到陽間既有活死人，妖言惑眾，把人命當籌碼牟取政治紅利，但陰間亦有不息冤魂，冥冥中作法，把妖孽一網成擒。

　　去年反修例運動最「癲癲」之時，狂徒為了誣衊警察殺人，借浮屍碧海的十五歲女生陳彥霖，謠傳為警察性虐殺的受害者，既在她的學校大肆毀壞，又欺凌誣衊飽受喪女之痛的陳母，更利用有情緒問題的老婦及學生，作爛頭卒在法庭粗口追罵陳母及外公……連環做出此陰驚事的人，必得報應。

　　碧海浮屍這條爛橋，早已在太子站「八三一」事件中用過，為了抹黑警察在站內殺人，王茂俊竟然詐死，吃足一年元寶蠟燭香的他，終在今年 6 月被加控八條罪後，畏罪潛逃英國，但他鹹魚翻生，不知廉恥地扮成 KOL 博同情和索取援助。對詐死的人最大懲罰，是生不如死！他將永遠在逃亡的無間地獄中匍匐，抬不起頭見人！

　　一直冷眼旁觀暴徒為非作歹的「碧海」，終於報復了。身負多罪的李宇軒等「十二瞞徒」欲偷渡往台灣，被中國海警拘捕。借反送中攬炒香港，結果自動送中，且無法移交香港，若罪成要在內地服刑。懷疑因恐怕「瞞徒」和盤托出真相，送走這十二嘍囉的幕後操盤者，此刻應驚到有得震無得瞓吧？

　　天網恢恢，疏而不漏。拆散別人家庭、漠視喪子女之痛的幕後黑手，必將感受骨肉分離，禍及子女的悲劇；為名利不擇手段無恥之徒，必身敗名裂。自以為絕頂聰明佈下天仙局的惡魔，最終埋在自掘的墳墓中，等着瞧吧！

（原刊於 2020 年 9 月 3 日《頭條日報》）

大撤退 vs. 大龍鳳

9 月 6 日上演兩齣相反方向的戲碼，一是向前衝的「大龍鳳」，成百上千的人響應網民號召上街，抗議立法會選舉因疫情而延期一年，在旺角和警察上演街頭巷戰，最終近 300 人被捕；第二是向後縮的「大撤退」，12 個欲偷渡台灣的抗爭者，現收押在深圳，連律師也不准見面，還極可能控告以更嚴重的組織偷渡罪名，刑罰可由一年，變成兩至七年，對於動了「大撤退」念頭的抗爭者，如敲響一下喪鐘。

《國安法》猶如一把屠龍刀架在頸上。以反立法會選舉延期為名的抗爭，不敢操向立法會，因為人數不夠，只能變成野貓式打游擊。在「大龍鳳」中亮相的，多是不知天高地厚的無名小卒。黃之鋒只是「開騷前」影影相便一溜煙跑了。以往在抗爭現場出盡風頭的鄺俊宇和許智峯不見蹤影。後者官司纏身，自顧不暇，其他老鬼為了過百萬俸祿，千方百計搬龍門，想再坐一會，怎會現身？足證中央「延任」一招，成功分化泛民。抗爭派和傳統泛民利益分配不均，必定分裂。

9 月 6 日的大龍鳳亦證明未來的鬥爭依然凶險和猛烈，中央會逐個板塊去收拾，最新戰場是司法，但抗爭者不會放過任何一個機會反撲，包括反檢測、反健康碼……大台仍在，香港烏雲蓋頂，真正輸家永遠是香港人。看一張張青澀的臉，口中念着毫無意義的五大訴求，毫無方向地衝，被人操盤而不知，萬一被捕留下案底毀掉一生。他們不過是被遺棄了的抗爭孤兒，沒前途，沒退路，何苦呢？

（原刊於 2020 年 9 月 9 日《明報》）

老人，是明天的你

今天，「老」變成一種原罪，老去的明星即使退下來，仍被無良的狗仔隊消費，不斷偷影醜化和嘲笑。去年反修例運動中，老人被稱「廢老」，成為年輕人欺凌和暴力虐待的對象。

黑暴中，有年輕黑衣人圍剿老人，包括慘被磚頭擲死的 70 歲清潔工人；被火燒的 57 歲綠衣大叔；在深水埗疑被搶呔而駛上行人路，繼而被圍毆成血人的 59 歲的士司機。去年區議會投票中，縱使顫抖抖的老人烈日下排隊個多鐘，年輕人都不支持優待老人先投票或坐下。因為政治上，老人就是敵人！

香港爆發第三波疫情，病毒攻擊老人家，死亡率也最高。但政治上腦的年輕人嗤之以鼻，反正都「咁老喇」，遲早一死。他們以疫情作政治武器，不顧病毒傳播風險及限聚令，一於幾萬人街頭大搞民主初選，上街抗爭，集體杯葛普及檢測。他們自恃年輕，深信病毒不會找上我，就算找上，一定會醫好，要死的是廢老。

有些年輕人從未為香港貢獻過，甚至有破壞無建設，你們憑甚麼蔑視老人家？不要忘記，今天你享受的一切，就是老人用青春在香港最艱苦時候建立的。

還記得 4 月疫情重擊香港時，72 歲的歌神許冠傑出錢出力舉辦免費演唱會，為香港打氣。27 歲的羅冠聰在臉書中，嘲弄許冠傑跟不上時代。半年過去了，羅冠聰一溜煙跑掉，陪着香港成長的「廢老」依然在，力撐香港。每個人都會老去，今天的老人，就是明天的你，誰應受到尊敬，誰該受鄙視，時間會說明一切。

（原刊於 2020 年 9 月 10 日《頭條日報》）

陳彥霖事件反映甚麼？

陳彥霖死因研訊結束，陪審團稱由於她的屍體已腐化，故達成「死因存疑」的判決。裁判官早已排除非法被殺和自殺的選項，因為沒有證據顯示她曾遭侵犯或襲擊——反修例運動一直借陳彥霖之死，污蔑警察濫捕和性虐示威者，並無證據支持，如建立在浮沙上的幻影。

美麗女孩曾經出現在反修例運動中，吃過催淚彈，然後裸屍浮碧海⋯⋯符合了黑暴分子想誣衊警察姦殺及迫害示威者的「完美劇本」。所以當陳母接受訪問及上庭作供，粉碎幻想，等於打破了操盤者的如意算盤；污辱了狂熱信徒的信仰。於是，一班活在幻想中的流氓，反過來指控真媽媽是「假老母」，以昭雪尋真兇為名，對飽受喪女之痛的陳母二次傷害，盡情欺凌和侮辱。

對政治狂熱信徒來說，這不是「死因研訊」，而是「爭產案」，彥霖是他們的財產，是攻擊警察的武器，但凡揭穿幻象的都是敵人，鬥爭到底。

去年職訓局以為暴徒要真相，於是天真地拿出錄像，卻招來暴徒大肆破壞校園、凌辱教職員。暴徒不是要真相，而是要幻想，以符合「黑警」濫捕和性虐的劇情需要。

陳彥霖的死亡事件是反修例運動的縮影，一切泛政治化，不問證據，編織一連串市民被失蹤、被虐待、被墮樓的謠言，煽動民情，令羣眾仇警仇中，喪失理智，以「被害者」自居，反過來變成「加害者」，他們匯聚成黑勢力，輾壓其他人的權利，包括陳母的話語權、職訓局的呈堂證據等等。

不要期望死因庭有判決後，就能平息爭議。暴民不要真相，只有幻想才是真的。

（原刊於 2020 年 9 月 13 日《明報》）

特首，你收到吧？

十一國慶，大眾焦點便落在銅鑼灣的一場鬧劇上，但示威已是強弩之末。香港已踏入後《國安法》時代，中聯辦主任駱惠寧選擇在國慶日落區，探訪劏房戶，而非出席社團儀式和祝酒，意義深遠，代表中聯辦的角色改變，會切實監督香港的管治，揭開香港政治新一頁。

駱惠寧豹隱數月後，走出了和過去中聯辦截然不同的方向。他經過研判，對症下藥，他在國慶講話中提出「三不」藥方。他說：「（香港）在大是大非問題上守得住、站得穩，做到該堅持的不妥協，該承擔的不迴避，該推動的不鬆手，香港才能衝破『泛政治化』的漩渦，解除『黑暴』、『攬炒』的綑綁，成功應對各種風險挑戰，市民個人的利益才能得到更好的維護。」

有內地評論香港官員「強於專業、弱於政治、怯於擔當」，駱惠寧「不妥協、不迴避、不鬆手」，一針見血道出了港官弱項。例如，黑暴以來，四成被捕者為學生，但教育局對於重災區的學校，一直不肯公佈被捕教師的學校名單，未肯嚴懲荼毒學生的老師。又例如當全中國已遏止了疫情，但香港疫情仍上上落落；政府不肯抓緊中央協助的良機，實施全民檢測令疫症清零，重啟經濟。又例如房屋問題，輪候公屋的名單愈來愈長，樓價愈來愈難負擔，但港府都是拖拖拉拉，導致民怨沸騰，為反中亂港的黑暴創造了土壤。

香港為官的都是醒目仔，地雷避得就避，令問題像雪球愈滾愈大。駱惠寧心知肚明，他探訪劏房戶是親自切入治港最核心問題——房屋，未來會切入更多。特首，你收到吧？

（原刊於 2020 年 10 月 3 日《明報》）

強於專業，怯於擔當

殖民地時代，香港官員被誇為世上最優秀的公務員團隊之一，但當百年一遇的黑暴和世紀疫症殺到，他們露餡了。

有內地評論指香港官員「強於專業，弱於政治，怯於擔當」。且看去年黑暴肆虐，暴徒毀壞立法會、圍堵警察總部、堵路縱火、封鎖機場、黑護和假記者滿街，由街道、醫院到學校都貼滿連儂牆，還毆打途人和內地遊客，把大學變成兵工廠……港府溫溫吞吞，既沒有搶奪話語權，稱之為暴動，反而誇之為「社會運動」，政府新聞處沒有規管假記者，食環署沒有馬上清理連儂牆，醫管局沒有立即要求清理醫院內的政治標語，也沒有炒掉疫情期間帶頭罷工的醫護，證監會沒有盡早處理壹傳媒股價暴升暴跌的疑似違法行為，教育局沒有即時處分散播港獨和仇警教師，即使一年半後釘了第一個老師的牌，卻未敢公開其身分……

特首墮入「大和解」的迷思之中，大開中門給來歷不明的網媒去記者會，種下假記者禍根，沒有責成所有政府部門對抗黑暴。後來有人天真地搞研討會，低估和誤判黑暴背後的中美博弈及借香港牌抽中央後腿的政治陰謀。

疫情蹂躪香港，政府沒有以「清零」為目標，重啟經濟，而是亂派錢，連海外移民和賺到笑的超市都有得分，因害怕民情反對，錯失了在中央協助下做全民強制檢測的黃金機會，結果疫情反彈。普及檢測流程暢順，可見官員專業，但他們捨難取易，怯於在重大關頭前，迎難而上，企硬。

狹路相逢勇者勝，愈縮愈輸，官員若只停留於專業層面上而怯於擔當，香港冇運行。

（原刊於 2020 年 10 月 11 日《明報》）

香港有冇運行？

　　林鄭的施政報告宣佈押後，須發還重寫，同一時間，習近平主席南下慶祝深圳特區 40 週年，送上大禮，高調稱深圳為大灣區發展引擎。看到港深之間此消彼長，我感到非常難受。

　　港深在中美博奕中，扮演了相反的角色。香港許多人淪為西方打手，專拖中國後腿，侮辱北京，揚言要攬住中央一起跳崖。相反，科技重鎮 —— 深圳在中美科技戰中，擔當要角；和全國一起，計算如何搶快研發，突破美國鉗制。

　　回看香港，做事慢吞吞，一個西九搞了 20 年還有大半是地盤，總裁換來換去。立法會內務主席選了一年，特首和立法會主席袖手旁觀。疫情拖拖拉拉，中央慷慨埋單兼派大軍來支援，港府都不敢實行全民檢測，達致清零重啟經濟。第四波疫情瀕臨爆發，政府仍拿不出一套抗疫策略，通關無期。大灣區發展怎能靠香港？

　　認真看香港最近的新聞，更加會吐血！回歸 23 年，到今天才需要新入職公務員宣誓效忠特區，這竟然要討論！12 個涉暴動放炸彈重犯敗走台灣被中國海警拘捕，竟要譴責港府不幫忙；教師涉嫌播港毒和參與黑暴，幾百人被捕了，教育局至今不公開名單！公屋輪候時間愈等愈長，政府沒對策。疫情低位徘徊，健康碼和旅遊氣泡真的像氣泡，虛之又虛，我們的生命消耗在基本問題上。

　　香港和深圳是龜兔賽跑的故事，傲慢與偏見的香港，睇死深圳一定慢過她，結果被爬頭，發爛渣想和人家攬住死。縮頭烏龜是我們，躲在龜殼裏自 high，不肯面對現實，拴住雙腳不肯動。

　　市民失智、政客失德、高官失信……香港病入骨髓，不知未來仲有冇運行？

（原刊於 2020 年 10 月 15 日《頭條日報》）

史上最邪的謀殺案！

　　陳同佳涉嫌殺害懷孕女友潘曉穎，可能是香港史上最邪門的謀殺案，由疑兇、親人、牧師、高官到政府，無論是誠心懺悔想自首、好心幫死者沉冤得雪，或者有心藉此撈政治油水的，都弄得焦頭爛額。此案陰差陽錯成為反修例黑暴的藥引，引爆整個社會，香港險成潘曉穎的陪葬品！這股邪氣仍在借死者的悲劇作政治操弄，友變敵，敵變友，黑變白，白變黑，而且有排未結局！

　　如果大家記得，潘母先找建制派出頭，觸發林鄭修訂逃犯條例。林鄭的政治計算是：陳同佳涉嫌犯下了天地不容的謀財害命案，人人得而誅之。至於潘母，女兒遭殘酷被害，理應獲全世界的同情。林鄭認為這是引入逃犯修訂條例的最佳時機，誰料押錯注，連帶香港付上慘烈的代價。

　　一直尋找缺口搞垮政府的反對派，借逃犯修訂包裝成送中條例，才懶理潘曉穎沉冤待雪，潘母有幾淒涼。台方同樣政治先行，力撐反送中，成為蔡英文選總統的天降籌碼。

　　奇妙的變化，發生在陳同佳出獄後，一直視潘曉穎命案如無物的反對派，如今藉着陳同佳是罪大惡極的惡魔，鋪天蓋地以文宣抹黑特首、李家超等高官，指摘政府給他保護屋住，變成包庇奸人的「共犯」，藉此玩謝政府。潘母亦 180 度調轉槍頭，變成攻擊林鄭和政府的重炮手，窮追猛打。

　　一樣的角色和案情，一樣的政治計算，敵友互換，今次輪到反對派來操弄。案情簡單的命案，纏上複雜詭譎的政治。台方露出醜惡的臉孔，諸多留難，將港府推入死胡同。港府理應放手，就讓陳同佳承接生不如死的懲罰吧。

（原刊於 2020 年 10 月 23 日《明報》）

黎智英的政治豪賭

最近，NBC 爆出黎智英私人助理 Mark Simon 用黎私人公司的錢，捏造虛假調查報告，用 AI 堆砌出假作者，抹黑拜登兒子，企圖干預美國總統選情。

爆出此轟動消息的是美國主流傳媒 NBC，供出幕後金主是《蘋果日報》創辦人黎智英的是承認有份撰寫報告的美籍學者 Balding。黎智英把一切推到親信 Mark Simon 身上，Mark Simon 匆匆引咎辭職。但黎智英拒絕就挪用公款的 Mark Simon 報警，令人懷疑背後有見不得光的勾當。

干預美國大選，為甚麼是黎智英呢？只要攤開地圖，香港是搜集中國情報的根據地，黎收到的柯打可能是堆砌一堆黑材料，借刀殺人，把拜登父子置諸死地。但天網恢恢，劇本冇料到便作個夠，作者沒有真的便使用 AI 砌一個，黎作假新聞不是第一次。在沒有《國安法》牽制的「台蘋」大肇抨擊拜登，陸港台一條龍服務。

這是一場政治豪賭，黎智英跟時間競賽，只要特朗普幾天後勝出，便萬事大吉，豈料機關算盡，大選前夕被揭穿。拜登贏了一定冇運行。

這宗新聞，暴露了口說支持民主選舉的黎智英，正是扼殺民主選舉的幕後黑手，自稱捍衛新聞自由而被政權打壓的他，卻是不斷炮製假新聞、藉此打壓異己的操盤者。他不擇手段要剷除的，不僅是他口中「專制」的中國共產黨，還有民主自由制度下的美國民主黨！他不是為民主夢賣命，而是為不可告人的龐大利益。

一直奉黎智英為新聞象徵和民主英雄的記協和政黨，全部啞了。不是說兄弟核爆都不割嗎？但一出事，黎智英急不及待把炸彈拋給追隨他 20 年的 Mark Simon，他誓神劈願話自己相信的一切，一夜之間全部出賣了。

（原刊於 2020 年 11 月 3 日《頭條日報》）

唔通窮人條命真係賤啲？

一場大火奪去了七條性命，毀掉三個家庭。禍首不僅是門前祝融，而是舊樓老化失修問題嚴重。香港有逾一萬幢樓齡超過50年的舊樓，平均按年遞增500幢！拆卸重建速度，遠追不及樓宇老化的情況。不少舊樓缺乏翻新或維修、欠缺消防及逃生設備。舊樓像一個個計時炸彈，潛伏在城市每一角落。

過去十年，香港已經歷多次舊樓慘劇：第一次是馬頭圍道塌樓，奪去四條生命；第二次是花園街排檔及舊樓大火，奪去九人性命；第三次是土瓜灣啟明街危樓事件，幸無人傷亡，但須緊急拆卸重建；主因都是欠缺維修，安全監管失效。加上今次大火慘劇，受害的都是社會最底層，難道窮人性命真是賤啲？

舊樓失修，除了令居民生活質素差、有損市容外，更會發生冧窗、冧石屎、冧露台、升降機急墜和火警等致命意外。舊樓慘劇一宗都嫌多。

儘管政府透過市建局及房協等，努力做樓宇收購及重建，並推出資助舊樓業主的維修計劃。但部分計劃申請數目超出預期，面臨資金不足，加上審批需時，又因技工供應不足，令進度緩慢。舊樓失修情況嚴峻，威脅公眾安全。

加快拆樓重建，已到了刻不容緩的地步，政府有必要調整政策。目前，市建局的重建需求主導計劃，需要八成業主同意，限制地盤面積不少於700平方米才可申請。當局應否增加彈性，令舊樓住戶盡快改善居住環境？

奪命火雖然撲滅了，但成千上萬的舊樓像危機四伏的火舌，隨時捲走無辜的性命。

（原刊於 2020 年 11 月 20 日《明報》）

黎智英：看穿你內心的罪犯

七旬黎智英腰纏鐵鏈上法庭，被加控國安大罪，勢將面臨終身監禁的下場，像一個呼風喚雨的教主，滾落十八層地獄，變成頭號罪犯。我作為他的前下屬，百感交集。

黎智英是偷渡來港的街童，赤手打造製衣業王國。日本首富柳井創立 UNIQLO，靈感來自在香港見到的 Giordano。他在 90 年代建立壹傳媒，革了香港傳媒的命，30 年來向 700 萬香港人洗腦，踩入民主派成為大佬和水喉，成為全球第一大國：美國的香港代言人。哪管你是特首，他都會進行人格謀殺，令你體無完膚。

黎智英憑甚麼？他是我見過最看穿人性黑暗面的魔教教主。從最底層打滾爬上最高峰的人，最能看穿人們真面目。

壹傳媒內，他高薪挖走精英，藉踢書會等令員工互鬥，刊物內容則迎合市民八卦、偽善、嫉妒、好色、貪婪、懶惰和愚昧等人性本能。這只是籠絡基層蟻民低端欲望的伎倆。面對貴族精英，他有另一套板斧。在好幾次的老總會議上，他故意在我們面前和名門望族、財閥和富二代通電話，展示他能傲然穿梭天梯，迷倒權貴的魅力。當關上電話後，他便嘲弄藍血人愛面子和虛偽。面對發夢要奪取政權，口講民主自由但自私自利的政棍，他一早看穿他們的道德外衣，具有滿足他們虛榮自大、愛財和權力欲的異能。

黎智英令我最難忘的一幕，是匪徒到他家搶劫，他為取回太太婚戒，拚老命和匪徒搏命，被打得頭破血流，一頭繃帶回來和我們開會。好一個聰明絕頂，卻乏政治智慧，膽大妄為而無通盤謀略；熱愛家人，但對令他發跡的香港冷血不仁的一代梟雄。

（原刊於 2020 年 12 月 15 日《頭條日報》）

十二瞞徒驚天大陰謀

十二瞞徒偷渡案是一場驚天大陰謀，台前幕後的疑犯愈拉愈多。顯然，戲肉不是逃亡，而是一個「瞞」字。

12 名疑犯罪行不算重，有些未成年的獲輕判機會大，相反，逃亡既危險又昂貴，為何出此下策？他們互不相識，為何同坐一條船？正如前特首梁振英所言，不是他們想走，而是有人要他們走，擔心他們泄漏了大台的秘密。於是有百萬金元巨製大逃亡，非為保護瞞徒，恰恰相反是要犧牲他們來保住大台。12 人逃亡必經中國水域，結果，束手就擒。

其後，泛民政棍即拉來多個蒙面不知真偽的家屬，惡巴巴地不斷「兇」港府，鬧內地法庭，他們囂張的氣焰只會令十二瞞徒處境更危險，更加證明幕後黑手不理他們死活，目的是把十二瞞徒的剩餘價值利用殆盡，以突顯中國司法不公，維持陣營的士氣不墜。

十二瞞徒落在中方手裏，黑手最不想發生的事發生了，瞞徒把真相和盤托出，中方最神機妙算一筆，就是把兩名少年犯開恩釋放，交本港警方跟進，方便供料及作證，把幕後黑手繩之於法。

昨天，下半場第一幕，警方拘捕八男三女，包括律師兼區議員黃國桐和學聯前副秘書長何潔泓的母親，控罪是涉嫌協助 12 名港人偷渡，包括出謀獻策、接送、窩藏及出資等，涉款由數千至數萬港元不等。這 11 人和逃犯非親非故，為何出錢出力？除非有大台在操盤。

一直聲稱沒有大台的反送中運動，經過風火雷電的大搜捕後，純情化妝剝落，陰險的真相呈現。昨天只是前奏，高潮還未上演呢！

（原刊於 2021 年 1 月 15 日《明報》）

借刀殺人

想不到一個個倒轉的罐頭,被隱藏的易拉環,賓館未提供一把罐頭刀,發揮如此大的殺傷力!

在罐頭刀風波中,港台說:「本台記者獲發的物資袋,有五包即食麵、一袋通心粉、四罐罐頭及一盒粟米粒,而賓館未有罐頭刀及煮食工具提供。」每句話都是真的,但不提最重要事實,究竟罐頭是否有易拉環?是否需要罐頭刀?

陷政府於不義的劇本,顯然預先設計好,令人覺得政府疏忽,令人得物無所用的壞觀感。《南華早報》亦收到何富榮區議員提供類似的照片。《南早》不虞有詐,沒查證照單全收。當照片被揭發有問題,南早主動撤回及致歉。相反,港台是第一身在禁足區,可以決定拍攝角度及報道取向,予人作假之嫌。

其實,這是一個小學雞的拙劣劇本,因禁足區有幾千居民,真相很易穿煲。但港台記者耍小聰明,以為精心堆砌的報道,你一定捉不到痛腳。當被人揭發,政府澄清八成罐頭不需用罐頭刀時,「香港電台機構傳訊及節目標準組」部門出來譴責大眾「對新聞部不實指控」,反罵人家抹黑它。

如果說新聞界是第四權,可以批評人家,但自己就不受批評,那麼新聞界不只是第四權,簡直是極權!如果說「報道內容是否失實誤導,公眾可自行判斷」那麼要記者作啥?查證事實是記者天職,連判斷新聞是否失實誤導的責任,都推卸給公眾,那麼記者不如轉做編劇。新聞自由不等於自由作新聞。

港台高層未清楚交代事件,以保護港台專業形象。最後一根壓在港台身上的稻草,就是自己。

(原刊於 2021 年 1 月 28 日《頭條日報》)

林鄭的草綠暗示

林鄭上週三上立法會，破例重複穿 1 月 26 日去行會的草綠色戰衣。

草綠並非林鄭常穿的顏色，卻在網上述職後，頻頻在鏡頭前一再示人，一改女性不重複穿衣的慣例。究竟草綠背後是甚麼含意？

有朋友說，綠色是黃色加藍色，有大和解之意。又有朋友打趣說：難道林鄭想做「少年林青霞」？最後，一位充滿智慧的朋友點出，草綠上衣，穿在年逾 60 而頭髮染得烏黑的她身上，既顯得年輕，又透示迎春希望之心理。

林鄭是一個注意顏色含意的人。2017 年 3 月她高票當選特首，穿上典型行政人員米白套裝，淡雅高貴；同年七一在香港就職典禮上，獲習主席會見，她穿了粉紅旗袍，襯白色繡花長袍，像新娘子一樣，表現女性的嬌媚和內心的喜悅。2019 年 12 月，她赴澳門慶祝回歸 20 週年，再獲習主席會見。當時香港被黑暴蹂躪到四分五裂，她穿上老氣的紫色套裝，深沉嚴肅。

述職是林鄭執政的分水嶺。她曾力指全民檢測不科學，但在述職前，突然 180 度轉變，史無前例封閉小區檢測。上週三上立會，林鄭提出把起底刑事化、引入海外港人醫生等等，一派勵精圖治。

林鄭是個性極強不認輸的人，草綠戰衣帶來極地反彈和捲土重來的希望。希望能否成真，拭目以待吧。

（原刊於 2021 年 2 月 8 日《明報》）

和罪惡的距離，一紙之隔

多名我熟悉的人物，包括港大舊同學戴耀廷、前行家毛孟靜、明報舊同事朱凱廸等等，紛紛因參加去年民主派 35+ 而被拘捕，身繫牢獄。法庭外哭聲震天！

這些人自詡為民主鬥士，或一直以為和自己距離最近的，不是監獄，而是諾貝爾和平獎。怎想到攬炒十步的終極，會是自己跳下懸崖，粉身碎骨！

我看部分人求情說詞，大多述及家人，例如楊岳橋說媽媽兩次患癌，不忍母親傷心，又如阿布泰國生活百貨老闆林景楠，他說泰籍太太如何需要他⋯⋯

你可曾想過，因異見四成皮膚嚴重燒傷的綠衣人，被磚頭擲死的七旬清潔工人，他們都有疼愛的家人，當他們慘被暴力傷害或殺死時，可有出來說一句公道話？難道別人的家人不重要，獨你的親情才重如泰山？

我當了多年法庭版新聞主管，結論是「罪犯沒有樣睇！」世上最隱蔽的犯罪現場，就是你的腦袋。記得我跑法庭新聞時，曾有兩件案刻骨銘心，一是豬肉湯謀殺案。酒樓女侍應和廚師發生婚外情，男方提出分手，臨別時買了鮮花和禮物，女的不忍分手，最後晚餐煮了一煲豬肉毒湯，男的不虞有詐喝了後死亡。女的謀殺罪成，終身監禁。另一個是轟動全球的「黃金冒險號」蛇后大姐萍，她在福建同鄉眼中如觀世音，但這次安排偷渡美國卻失敗了，導致十人死於怒海中，她在香港落網受審。兩個女人橫看豎看都不是窮兇極惡之徒，怎會手中染滿鮮血呢？每人都有機會成為罪犯。你和罪案之距離，只是一紙之隔。

（原刊於 2021 年 3 月 9 日《頭條日報》）

人性的暴虐黑暗面

　　小兄妹疑遭親父繼母虐待，以致五歲妹妹喪命一案，叫我不忍卒讀。小兄妹被毒打至流血結焦，妹妹被拋高頭撞天花板。父母虐兒理由堂皇，毒打是因為做錯事；只准用膠兜在門口食飯，是因為沒有餐桌禮儀；不許返學，是因為跟不上進度；不可上牀睡，是因為污糟邋遢。

　　是否覺得父母冷血？稚子何辜？是彌天大罪要抵受暴力對待呢？為何弱女喊「唔好」還不停手？為何同母異父的姐姐及外婆袖手旁觀？為何小兄妹缺課，學校不追查？

　　若以為嗜血狂魔和冷眼旁觀者萬中無一，你就錯了。欺凌弱者，助紂為虐，是潛藏人性黑暗面的一隻惡魔，最愛用「道德」包裝。

　　前年黑暴，黑衣人以救世主姿態施暴，圍毆內地記者、用火燒綠衣叔叔、用磚擲死清潔工、圍毆的士司機、咬斷警察手指、向警察宿舍擲汽油彈……旁觀者或加入施暴，或用手機消費暴力，極少施以援手。即使受虐者叫：「唔好」，施虐者不停手，反而變本加厲。即使彼此是血脈相連的港人或同胞，黑衣人不手軟（反而對外籍人士網開一面）。許多道貌岸然者粗口爛舌，加入支持黑暴、反中和仇警行列。即使學校屢次發生警察子弟遭欺凌事件，即使教師發出仇警言論……但教育局沒有即時追究。

　　全城最大受虐者，是歷盡縱火、破壞、撕裂、制裁及污名化的香港！不要低估隱藏在你內心的嗜暴小魔鬼，它披着冠冕堂皇外衣，隨時伺機出動……

（原刊於 2021 年 3 月 11 日《頭條日報》）

文宣戰

本世紀重要的戰爭，不一定是飛機大炮，而是文宣戰。誰說出最驚嚇的故事，或最煽動民情，便控制了話語權，被攻一方，有理說不清。

香港政治環境複雜，文宣戰打得激烈。尤其自《國安法》這把屠龍刀一出，反對派偃旗息鼓，敢怒不敢言，一直在尋找缺口反攻政府。疫情是復仇大好良機，殺人不見血，奈佢唔何，無證無據，難以入罪。

香港是弱勢政府，最怕被人罵不尊重私隱、人權和自由，所以左閃右避，行前三步倒退兩步。連安裝「安心出行」都不敢強制，隨你鬼畫符填上無人核實資料，留下防疫漏洞，不像內地雷厲風行推健康碼，迅速清零。

當全世界搶購新冠疫苗，搶快打針，希望恢復經濟，香港掀起了打針打死人恐慌，任由別有用心的人妖言惑眾。有新聞界樂此不疲報道：某某打完針幾多天，一命嗚呼！嚇得膽怯者加入退針潮，結果不到一成人接種率，距六至八成人接種至全民免疫，恐還有幾年！

政府應預料有敵人虎視眈眈，散播謠言，陷政府於不義。所以，該積極反駁，有人提議，把每天幾多人因未接種疫苗致死數字公佈，這是重掌話語權之法。又可以找明星或名人宣傳，要求公務員、食肆、零售員工、教師等打疫苗等，增加誘因。

這是一場沒煙硝的「心戰」，打得你死我活，殺人不見血。戰場隱藏在每個人心裏 —— 我們被攻陷，被俘虜，被奴役，自己人互相殘殺，懵然不自知。

（原刊於 2021 年 4 月 8 日《頭條日報》）

拜託，不要犧牲自己

到文化中心看《我們的音樂劇》首演，演藝界不少猛人捧場，唯獨少了一個人 —— 著名填詞人岑偉宗。以往他總是和太太如穿花蝴蝶出席，接受大家的讚譽和祝賀，為甚麼不見他呢？

「他們移民台灣了。」朋友低聲說，「他說，再回來起碼是兩三年後的事。」我有點愕然，認識他廿多年。他與太太沒有孩子，如一陣風走了，真瀟灑。

移民潮席捲香港，親戚、營養師、老友、舊同事、政治KOL……在《國安法》宣佈後鳥獸散，有的移民加拿大，有的定居台灣，有的把生意結束，連根拔起去英國做「量地官」。最近和大學高層晚宴，他坦言移民潮觸發了輕微退學潮，學生和家人移民，連千辛萬苦才擠進的「神科」也放棄，叫他深感惋惜。他問：「你猜最終有多少香港人會移民呢？」身邊朋友猜說：「五十萬人吧。」我估計是十萬八萬左右。經歷過九七移民潮，相信今次規模小，不傷筋動骨，對香港影響有限。

人各有志，不喜歡香港而移居他鄉沒問題。最有問題是：有些父母唉聲歎氣地說，移民是犧牲自己，為了下一代幸福。

悲情劇本注定會寫下悲劇的人生。父母如果不快樂，孩子也會不快樂。有誰想成為父母潦倒下半生的原因？失業一年半載還可忍受，如果失業十年八年，又沒有社交圈，父母的人生肯定拖垮了。

移民應該為了找尋幸福，應挺起胸膛帶着信心和周詳計劃而去。拜託，請你切勿打悲情牌，垂頭喪氣地說，一切是為了孩子，孩子長大了一定會看不起你，你是成年人，卻把人生抉擇的沉重包袱，扔了給未成年的孩子。

（原刊於 2021 年 4 月 20 日《頭條日報》）

第二章

民主的謊話

真正的監獄，是執迷不悟

黃之鋒、羅冠聰和周永康案被上訴庭加刑前，在法院門外，以英雄姿態叫囂。其中有家長繼續力撐，以兒子為傲，認為他是為了香港人犧牲。我聽了大惑不解。

你憑甚麼認為自己代表香港人？你衝擊、霸佔公民廣場，導致十個保安員受傷，你何曾慰問過他們？何曾表示歉意？何曾考慮過受你煽動而衝擊廣場的人，會因而傷亡或被拉去坐監？一個不以「人道」關懷為大原則的人，一個隨時犧牲別人的性命和利益，把自己抬高成英雄，只是自私的狗熊。

因佔領中環 79 日，為多少人帶來痛苦？佔中而帶來精神、時間及經濟上的損失，你能賠償嗎？憑甚麼你認為霸佔公民廣場和中環，就可以達到你的理想？

你綁架整個香港、強姦了香港人意願、剽竊「香港」之名，破壞法紀，為這麼多人帶來痛苦，是你們犧牲了香港人，不是你為香港人犧牲。

你們有自由追尋自己的理想。但拜託，第一，不要把你的理想說成是我的理想，拉我落水，尤其不要挪用「香港人」三個字；第二，明知犯法要坐監，就勇敢面對後果，不要扮受害者，說成是政治打壓；第三，你管好自己的未來就夠了，拜託不要再為「香港的未來」傷害別人的性命財產，破壞秩序搞亂香港。這對大家都好。

還有，究竟你是「孩子」還是「領袖」，要想清楚。不要此一時，自稱「孩子」，一臉稚子無辜博同情，彼一時，又像充氣娃娃自我膨漲，幻想自己是帶領萬民領袖，死雞撐飯蓋，卻不提自己

是社會經驗粗淺的「孩子」，沒資格當運動的領袖。

真正的監獄，不是外面加諸的四堵牆，而是執迷不誤的偏執思想。

你口中掛着的民主自由是甚麼？民主是建基於對異見的包容，自由是建基於紀律和秩序，以及對他人自由的尊重。民主和自由都必須建基於法治之上，以法律制約人的行為。衝擊公民廣場，漠視法紀，漠視現場其他人的人身安全。由此觸發的 79 天佔中，更剝奪了其他人使用道路的權利。

（原刊於 2017 年 8 月 20 日《明報》）

人狂必有禍

天狂必有雨　人狂必有禍

做人及做事　都不能太過

撇開政見，這句話說出了城市被亢奮騎劫，失卻理智，失卻同理心和道德底線，捲進大國角力的鬥爭而不自知。

任何政治主張，當認為自己是真理、有權暴力襲警、掘磚、霸路，擾亂治安，隊冧香港！這種行為如吃了春藥，入了邪教。

以往香港的政治運動，外國勢力多數是「猶抱琵琶半遮臉」，不像這次明目張膽走到舞台前，赤裸裸地干預香港事務，美國領事館昨天呼籲國民不要去金鐘，等於溫馨提示香港人記得去包圍立法會。美國國會眾議員佩洛西更罕有地發出聲明，警告如果通過修例，美國會別無選擇地重新審視香港能否享有高度自治等等。素來是美國牌的台灣，總統蔡英文挺身支持香港反修例示威。一場外部勢力亂港的交響樂，鈴鈴查查都出齊了。

在社交媒體上，鋪天蓋地的是匪夷所思的「歪念」，包括呼籲學生包圍立法會、煽動大家到中資銀行擠提、帶備口罩（以免被認出）帶備雨傘（阻擋催淚彈或作武器），又鼓勵自製長矛、教你被拘捕時如何自保等，又以「糖衣包裝」，提示你金鐘的洗手間和補給站，其實是叫你犯法，去送死。

一位大學講師，竟鼓吹中學生到立法會參與示威。中學生是未成年的，為甚麼要把他們捲入政治風暴中？教師呼籲罷課，也是不負責任，學生有權利接受教育，為甚麼要把政治帶入校園？萬一學生受煽動而加入示威、受傷或犯法，毀了他們一生，你於心何忍？

口說保衛香港，卻要摧毀她？自稱民主，卻做言論霸權，自以為偉大，卻去欺凌他人，我感到毛骨悚然。

（原刊於 2019 年 6 月 13 日《頭條日報》）

民主令社會進步？退步？

中美博弈，不僅是貿易上交鋒，也是意識形態上的角力，西方國家以美國為首，向全球輸出民主自由思想。但凡非民主選舉社會，便被視為異類，利用其強勁的全球傳媒網絡，專挖瘡疤，打輿論戰。

1992 年，新加坡總理李光耀應港督及港大校監彭定康的邀請，到港大演講，台下觀眾包括首富李嘉誠。李光耀大談英國去殖民化：「英國去殖民地化的過程，令人失望！」台下譁然，身旁的彭定康好不尷尬。他以斯里蘭卡為例，斯里蘭卡在 1932 年，首次推行市政選舉，選出科倫坡市議長及市議員，設兩所大學，培訓精英。當時斯里蘭卡的經濟很好，佔盡天時地利。「但你看今天的斯里蘭卡怎樣？印度非殖化時陷入混亂，分裂成巴基斯坦及印度。」

「英國從不以一人一票來統治殖民地，一個英國總督，他的話就是法律。我從不相信民主會帶來進步，只會帶來退步，我每兩年都和英聯邦首腦們開會，年復年注視這些新興民主國家。西方政治學者從來在這些地方生活，歐洲適用的，東方未必適用。民主制度在韓國和台灣也只勉強適用。」

英國在香港非殖民化過程中，也一樣埋下民主選舉的種子，結果香港議員愈來愈劣質化，最大功績是癱瘓議會，阻礙施政，令有志者視從政為畏途，若有不識好歹者加入熱廚房，只會落得被妖魔化及被逼下台的結局。

香港的衰落，非因回歸中國，而是由非殖民化及引入民主選舉開始。獨裁的中共愈來愈富強，有民主選舉的香港愈來愈墮落，政治爭鬥不斷，特首政治壽命愈來愈短，便可知大難臨頭了。

（原刊於 2019 年 6 月 20 日《頭條日報》）

連儂牆

　　最近，全港湧現 69 幅連儂牆，以「和平表達」為號召，貼滿警員的個人資料和相片的仇警紙張，挑釁的便條，演變成戰書，釀成衝突，有人還大打出手。

　　但你可知道連儂死於暴力？我最近到紐約曼哈頓，酒店鄰近中央公園，朋友問：「你可知道約翰連儂，就在這附近遇刺！」我心中一凜，請朋友帶我去憑弔，我們穿過中央公園，途經其妻大野洋子為紀念丈夫而建的 Strawberry Fields。之後走向上城區，到了約翰連儂遇害之處。1980 年 12 月 8 日晚上十時，連儂在 Dakota 大廈家門外被一個瘋狂歌迷槍殺，死時 40 歲，舉世震驚。

　　歌迷殺連儂，只因他創作一首叫 *We're more popular than Jesus now* 的歌，令歌迷憤怒，認為褻瀆基督。連儂被槍殺前，正準備復出歌壇，誰料命喪在狂人槍下。

　　連儂一生愛好和平，為了反越戰，險被尼克遜總統驅逐出境，他作的 *Imagine*，夢想着大同世界，沒有國界、宗教、殺戮、大家和平相處：Imagine there's no countries. It isn't hard to do. Nothing to kill or die for……最諷刺的是，愛好和平的他死於暴力，一個無神論者死在宗教狂熱者手上。今天，有人借用他的名字築成一道戰場，挑起紛爭和暴力，如果連儂九泉下有知，有何感受？

（原刊於 2019 年 7 月 16 日《頭條日報》）

權力的誘惑

香港陷入一片混亂之中。我慘不忍睹，只盼暴力停止，卻深知羣眾運動易放難收，即使是泛民政客都叫不停，現在是他們以不割席來保住示威者的選票。皆因反修例運動顛覆了由上而下的權力架構，羣眾嚐到權力的滋味，很難收手。

舉例說，一介蟻民怎想到搬些紙皮和垃圾桶，便可以堵塞馬路，癱瘓全港交通，逼令學校停課，打工仔返不到工，用士巴拿便可毀掉全港網絡最強的地鐵，土炮雨傘陣便能扼住中環政經咽喉，和警方對峙……示威者自覺：「香港由我話事！」一時膨脹起來的權力欲，令人陶醉和亢奮。

又像近日在大學校園連續上演的批鬥校長事件。一個個和校長，在權力階梯上，在學術地位上，相差十萬八千里的小薯仔。忽然間可以在眾目睽睽下，跳上桌上，大罵校長是狗、大撒溪錢，甚至去校長官邸噴侮辱字句。校長的「反應」，是繼續「對話」，沒有報警！黑衣蒙面學生在大學堂學到的一課，竟然是「誰大誰惡誰正確」。憑藉暴力，手握到意想不到的巨大權力，為所欲為。

內地生在學術上威脅到本地生，但你不用和他較勁，只須指罵內地生「推倒人」，合力舉起傘陣，把他圍毆到流血，即使在校長眼下發生，校方一樣不會報警。嚇得這班內地尖子連夜搭大巴奔赴深圳逃亡。

從前，警察查你身份證、抄你車牌不敢哼一聲，今天，蟻民可以調轉頭要查警察的委任證，甚至圍毆他，用汽油彈炸警署……

暴力和權力成癮，很難戒掉。道德和法律拋諸腦後，任何沾手權力的人，都難以抗拒它的誘惑，羣眾運動尤甚。

（原刊於 2019 年 11 月 12 日《明報》）

最絕望悲傷的故事

我最近聽過最絕望悲傷的故事，發生在香港一間大學，卻不為人知。男主角是一個品學兼優學生，來自亞洲一個貧窮國家，獲頒全額獎學金，像中六合彩般，歡天喜地來港求學。

豈料踏入校園兩個月，發生激烈的反修例運動。校園變成兵工廠和火藥庫，課堂被迫中斷。最悲慘的是，他受仇恨社會氣氛影響，被朋輩拉伕，義無反顧地加入黑衣人暴力抗爭行列。一天，在校園烽火連天戰場中，他被逮捕。警察在他身上搜出汽油彈。他當場斷正，百詞莫辯，被控以暴動罪，前途盡毀，或面對最高刑罰十年監禁！

不懂中文或英語的母親，千里迢迢趕來拯救愛子，聽到兒子承認犯下彌天大罪。她剎那間由天堂墜入地獄，由望子成龍，充滿自豪和期望，變成絕望無助，欲語無言，欲救無從。整個世界陷入崩潰。

在眾多被捕疑犯中，非我族類的兒子只是五千分之一的炮灰，不是政治明星，丁點剩餘價值都沒有，連一角報道也沾不上邊，誰有興趣理你？

舉目無親，心碎的母親，含着淚望着接見她的大學職員，職員恐怕她會問：為甚麼我那勤奮好學的兒子，來到香港，書沒得讀，卻變成殺人放火的暴徒？我要控告大學失責！快把兒子還給我！不知是幸還是不幸，她來自貧窮小國，找不到翻譯，令她連最後控訴和發洩的機會都被剝奪了。

孤苦無告的母親，面對人生毀於一旦的兒子，前途化作微塵，無語問蒼天。

（原刊於 2019 年 12 月 6 日《頭條日報》）

不是平台，是大台

反修例運動好像偵探小說天后 Agatha Christie 的故事，最不似兇手的，原來就是兇手。被千夫所指的，原是好人。

警方日前以涉嫌洗黑錢，拘捕聲稱支援被捕示威人士的網上眾籌平台「星火同盟」四人，凍結 7 000 萬元的戶口。估計全數 8 000 萬巨款，是否全是捐款而來？假如你曾經捐款給星火同盟，知否他們私藏 8 000 萬巨款，懷疑轉去買個人投資保險產品？

星火同盟聲稱錢是用來支援被捕人士，那麼為甚麼搜出 13 萬元現金、16 萬超市現金券？為甚麼有箭和防護用具？或者，他們不僅是支援被捕人士的平台，而是支付年輕人上前線做炮灰的大台！

由於賬戶來源和去向不透明，星火同盟可能是借政治狂熱從中「掠水」之徒。一直以來，除了被視為建制派的左報曾經質疑星火同盟賬目混亂之外，不少記者都變成運動參與者，政治先行，只會追問警察放了多少枚催淚彈，卻不追問星火同盟籌到多少錢？支援了多少被捕者？

議員連警察加薪都批評，卻任由星火同盟挾帶巨款而不追究，不要求公開賬目。

有黃媒在消息傳出後，轉移視線，大字標題：「星火同盟譴責警方企圖以失實陳述，抹黑眾籌平台」。為甚麼黃媒不覺得被出賣，反而繼續包庇呢？背後是否有不可告人的真心呢？

所謂「齊上齊落」，是「你上前線，錢落我袋」、「你上法庭，權落我手」。支持抗爭者的港人，可能被蒙騙、被出賣了。我們真正的敵人不是政府和警察，而是和你稱兄道弟的自己人。

（原刊於 2019 年 12 月 21 日《明報》）

乞食有咩好怕喎？

4月11日在某報頭版看到應屆中大畢業生李同學的訪問，令我嚇一跳的不是內容，而是這位背向鏡頭的李同學布袋上寫的七個字：「乞食有咩好怕喎？」

她說，寄出40封求職信石沉大海，亦因早前警察「攻打」中大時，放棄網上面試，而大公司亦取消了在大學的招聘會，她心灰意冷……不是去乞食，而是報讀碩士。既然立志行乞，還去讀碩士做甚麼？說穿了，是不願接受失業的現實，為她付上高昂代價的，是可憐的父母。

李同學指責警察「攻打」中大，想必是支持「攬炒」之輩，為何折腰向大公司求職呢？大公司取消請大學生，代表攬炒成功，她終可乞食了，應慶祝，何以心灰意冷？

其實，李同學不肯面對的，不是鏡頭，而是她自己。當年她父母知道女兒被中大取錄，是何等自豪，怎會想到女兒會去乞食？正如所謂社運絕大部分參加者都蒙面，在網上煽動暴力及粗言穢語的，不會用真名。因他們沒有勇氣以真面目，承擔自己所作所為的後果。

「XX有咩好怕喎？」是這場運動一直用以煽惑年輕人做炮灰的洗腦橋，可以無限延伸，任意填上：攬炒／粗口／打人／掘磚／裝修／縱火／炸彈／離家出走／絕交／被捕／坐監／瞓街／乞食……

且慢，你們是真的相信：以上一切「有咩好怕喎？」還是像李同學，只是覺得這句話好型，諗住可以甩身，後果預了由父母、學校、政府、納稅人埋單。

「乞食有咩好怕喎？」不是鬼故，大聲念七字經可以壯膽，它是一句咒語，煽惑年輕人製造一場大災難，連累身邊所有人，千千萬萬李同學，不知不覺成為主角了！

（原刊於 2020 年 4 月 14 日《頭條日報》）

李柱銘「黑白」之謎

　　難忘第一次見李柱銘時，於 1983 年在我入住的港大聖約翰堂。他當時貴為大律師公會主席，大談打贏多宗官司的彪炳歷史，高談如何捍衛法治。我用仰望的眼神傾聽。其後，李柱銘晉身立法會，我有朋友擔任他助手。即使在報館放工有多疲累，我都會趕去李的律師樓，幫忙翻譯立法會的演講稿。我以能幫他的忙，為「捍衛法治」出一分力為榮。

　　李柱銘父親李彥和也是令人敬佩的傳奇人物。早年和周恩來等一起參加「勤工儉學」，獲里昂大學藥劑學博士，回國後棄當藥商，從軍抗日，曾任第七戰區政治部主任。國共內戰後，李既不肯跟國民黨到台灣，亦不肯跟共產黨當官，遠離政治，寧願在香港華仁書院當一個窮教師。法律界泰斗、港大法律學院奠基人余叔韶曾任他的部下，敬重李彥和為恩師。他把李柱銘當作誼子，即使兒女眾多開銷大，仍供他讀港大文學院，卻不知為何，兩人卻鬧翻了，為法律界一個謎。

　　我在週刊工作時，到寶雲道余家訪問余叔韶，問他和李柱銘的恩怨。就像觸碰一個沒有癒合的傷口，余叔韶情緒激動，緊閉雙唇，眼眶有淚珠在打滾，只肯用比喻方式解釋，他說：「他捱橫折曲，把黑說成白。」令他極其失望，之後就不肯再說了。

　　最近，李柱銘因為涉嫌觸犯非法集結罪被捕，竟然說「感到驕傲」，更稱抗暴同行民主路的年輕人很優秀，我真的嚇呆了。他在煽動年輕人犯法嗎？我看見年輕時的偶像晚節不保，形象破裂，十分痛心。「他把黑說成白」原來是真的。

（原刊於 2020 年 4 月 25 日《明報》）

魏京生的午夜「空」鈴

香港政治局勢急轉直下,反對派樹倒猢猻散。有人急於更改保釋條件,想盡快離港,有人棄保潛逃着草,有人移居台灣⋯⋯一直力挺香港反送中運動的美國政府,會否接收這些想着草的反對派呢?

我不禁想起 2001 年 6 月魏京生的深宵來電,這夜,被媒體稱為「中國民主之父」的魏京生,很絕望地打電話給我,很想我這個小記者為他申冤 —— 因為他被哥倫比亞大學炒魷魚!魏京生在 1978 年發表大字報 ——〈第五個現代化〉宣揚民主主義,更批評鄧小平是獨裁者,終以反革命罪等被判入獄,從此成為中國爭取民主的象徵。

1997 年他獲保外就醫,流亡美國,由哥倫比亞大學收留,研究中國問題,獲提供辦公室、公寓等設備。四年後,哥大把「中國民主之父」掃地出門,表面原因是「魏提出的設想,如建議美國切斷與中國的經貿往來,不合時宜,又不能在英文學術界有所表述⋯⋯」

真是天大謊言!魏京生只有中學程度,坐了近 20 年監,怎能有甚麼學術表述?哥大是收柯打「做嘢」,炒魏是因為他的政治價值用完了!用今天黃絲的潮語,就是被當作 condom,用完即棄。

魏京生慣了被西方媒體捧上雲端,多次獲提名諾貝爾和平獎,獲獎無數,但一直活在政治幻想中,和現實脫節。諷刺的是,由他離開「專制中國」,踏入民主自由的美國開始,他便喪失了民主鬥士的象徵意義。

回看香港的反對派，由黃之鋒到李柱銘，其政治價值，全因為他們在香港搞風搞雨，一旦逃到美國去，不過是路人甲乙丙，何利用價值之有？不過是魏京生 2.0 而已。

（原刊於 2020 年 6 月 15 日《明報》）

離場

評論一個人真正的品格，不是看他飛黃騰達時如何意氣風發……而是看他在失敗落寞時，能否不出賣自己、不出賣同伴，高貴雍容地離場。

若用這把尺來量度反對派政治領袖，他們絕大部分都露餡了。

先說陳方安生，她由離開政府後便反戈相向了。在反對派大棋盤裏，在十多年來西方反華的連續劇裏，她被指派和歐美政壇最高層接頭的角色。

還記得她第一次上街遊行，轟動全港時，當時任職雜誌社的我，派記者跟着她爭取專訪，赫然發現她訂了頭等國泰機票去海外參加路透社董事會，14 年前一張頭等來回機票是十幾萬元！幸好當年的雜誌社毫不猶豫批准，我豪花幾十萬買得兩張頭等機票給記者和攝記，爭取到獨家故事。

十幾萬元機票，是許多打工仔一年薪水。陳方安生這些年和歐美政府和大機構千絲萬縷的關係，究竟為她換來多少富豪級的禮遇？即使她曾貴為香港第二把手，長俸 2 000 萬，但月出 10 萬元薪俸，還不夠一趟來回頭等機票加五星級酒店吧！

不捨不捨猶需拜拜。《國安法》出台前夕，她辯稱因為 80 歲臨近，女兒猝世而告別政壇，以便騰出更多時間陪伴家人。但她可曾想過過去一年，多少家庭因為政治撕裂而破碎？多少老人家眼看年輕子孫捲入黑暴而毀掉前程？如果 80 歲是年老，為甚麼79 歲的時候不退出政壇？如果女兒猝世是一種痛，那麼清潔工被磚頭擊斃，對其家人何其痛？

為甚麼要等到自己最後一滴剩餘價值消逝殆盡了，才金盆洗手？如果真正相信法治的話，為何看見暴力禍港，不出來說一句公道話？

　　我最看不過眼的，就是自己躲在後面，煽動別人在前線當炮灰，一見勢色不對，第一時間想溜走。

（原刊於 2020 年 6 月 30 日《頭條日報》）

遊戲變了，你還拿着舊玩具？

《國安法》趕在七一國慶前僅一個小時實施，像生死時速的烈火戰車，以迅雷不及掩耳的速度，將香港引入全新軌跡，並佈下天羅地網，把反中叛國行為，一網打盡。

實施《國安法》之時，港獨派未知細節，紛紛宣佈解散在港組織，在台灣及外國繼續活動，他們完全低估了北京要徹底剷除港獨的決心。當公佈細節之後，才知海外反國安法活動一樣難逃法網，除非你永遠不踏入國土。

面對這全新的遊戲規則，不少反對派仍依着舊劇本在街頭賣藝，人老精鬼老靈，愈老江湖的政客愈惜身，尹兆堅叫大聲公，成為七一首個被綁索帶拉上警車的議員，但絕不會蠢到觸犯《國安法》。有立法會議員在銅鑼灣擺街站，膠箱塞滿一疊疊紅衫魚作餌，希望有水魚上鈎，撈埋最後一趟肥仔水，可惜一早已被警察驅趕，像無牌小販走鬼。

難道他們不知《國安法》已通過，不能再周街劏水魚嗎？只是金錢的誘惑太大，說到底，爭出鏡，順便搵啖食而已，不是做烈士。

大勢已去，令昨天的暴動像盤點清貨，作為七一黃金檔期的「台慶劇」，竟然沒有巨星落場，赤膊上陣的全是無名小卒的茄喱啡，玩的都是舊玩具和舊戲碼，掘磚、堵路、縱火、把落單警員打至血流如注、用雨傘擋着不光彩的犯法勾當。

然而，《國安法》只是一把屠龍刀，去年的暴亂如烈火焚城，反映許多香港人人心未回歸。真正的回歸不是一個儀式、一場宣誓、換支國旗就水到渠成，《國安法》只能做到震懾效果。要達

到國泰民安的真回歸，必須要人心歸順。這是一個漫長的陣痛過程，恐怕以十年計的大手術和慢慢調理，才可達標。

（原刊於 2020 年 7 月 2 日《頭條日報》）

初選「玩死」傳統泛民

週日的「民主派初選」，是抗爭派主導的一場「本是同根生，相煎何太急」自相殘殺遊戲，對付的並非建制，而是傳統泛民；後者被誘墜入圈套，慘被宰割懵然不自知！戴耀廷在〈真攬炒十步〉一文中揚言，透過否決財政預算案，逼特首解散立法會及辭職，令政府停擺、街頭抗爭更加激烈，鎮壓也非常血腥、港人發動三罷，令香港陷入停頓、西方國家對中共實行政治及經濟制裁……「到第十步，我們已攬着中共一起跳出懸崖。」

這場初選，暴露傳統泛民缺乏政治領袖，進退失據，被抗爭派牽着鼻子走，既不能斬釘截鐵和港獨派劃清界線，又要欲拒還迎地玩攬炒遊戲，結果，第一個被攬炒的是自己！公民黨和民主黨骨幹，都只能搵車邊地入閘。他們明知劇本是為抗爭派而寫，對支持者年齡偏大的公民黨和民主黨不利；還要配合劇本落力演出，落得被一腳伸開，邊緣化。像黃碧雲之流，猶如網上遊戲被處決的犯人，罪名是「抗爭不力」，還要誠心懺悔，感謝劊子手拉她上斷頭台，了結其政治生命。真是可悲。

在這場「假選舉」中，唯一保住出線機會的，是反修例運動中瞓身演出的激進派如鄺俊宇，靠「戰跡」而非「政績」！在醫護界把溫和派李國麟趕走的，就是漠視疫情，發動醫護界罷工的余慧明。

立法會是名利雙收肥缺，泛民互相廝殺、爭權奪利的內鬥很快展開。另一方面，區諾軒恐怕觸犯《國安法》，退出 35+ 初選，突顯了民主派各懷鬼胎，四散逃亡已經開始。

抗爭派機關算盡，卻算不到《國安法》從天而降，一劍封喉。毋須等到十步，且看是誰會墜入懸崖吧！

(原刊於 2020 年 7 月 16 日《頭條日報》)

三大錯誤，犯一不可

民主派初選，由聲勢浩大的革命變成尾大不掉的鬧劇。沾沾自喜以為可以操縱選舉，卻連大旗手戴耀廷都宣佈瓜旗，不是說好齊上齊落嗎，為甚麼變成「田雞過河，各有各撐」？皆因犯下三大錯誤。

錯誤一：真攬炒十步，計漏《國安法》。戴耀廷在今年4月時寫下〈真攬炒十步　這是香港宿命〉，作為抗爭派奪權的兵書。可是機關算盡，沒有計入北京直接頒下《國安法》這霹靂手段。《國安法》不僅是法律，而是一套包括作戰、情報、執法和司法的完整部署。戴耀廷仍以「前《國安法》思維」走「真攬炒十步」，直至兩辦譴責民主派初選，才如夢初醒，落荒而逃，但已經太遲了。

錯誤二：低估中共反應。35+ 威脅把中共推下懸崖。但攬炒派憑甚麼可以和北京較勁？彼此勢力太懸殊了，「真攬炒十步」中提及的彈藥，都是三罷、街頭抗爭等舊招式，騎劫港人作人質，但中共豈會就範？還未以《國安法》拘捕戴耀廷，已經縮沙了，又話要「攬着中共一起跳出懸崖」，罵兩句就驚到跳船。奢談甚麼革命呢？

錯誤三：錯估中美實力平衡。在大國博弈之中，每個國家致力維護本國利益，怎會在乎香港呢？特朗普贏取總統寶座是靠「Make America Great Again」的口號，不是「Make Hong Kong Great Again」（光復香港）！香港處身中美鬥爭的夾縫之中，不過是美國干擾北京的棋子，今年的中美實力比拼，已非97年當時可比。回歸時，香港有點像歐美和中國共管的地方，但今朝中美關係惡化，大家攤牌了，中國毋須再低聲下氣。

攬炒派別作不必要的幻想，鬥爭仍會繼續，好戲在後頭呢。

（原刊於 2020 年 7 月 19 日《明報》）

核彈都不割，銀彈就割了！

　　人大決定全體議員延任一年，如一招棉花掌，把反對派的偽團結一下子震碎。泛民勢估唔到中央連出幾招屠龍刀後，忽來棉花掌，殺一個措手不及。面對神一樣的對手，眼前是豬一樣的隊友。400 萬一年的俸祿，誘惑太大，正所謂「核彈都不割，銀彈就割了！」傳統泛民當然傾向留下，被氣炸了的激進派狙擊，整色整水想出民調這一招，以為是緩兵之計，扮有公信力。卻犯下連番錯誤，第一、邏輯不通，泛民只需向投票給他們的選民負責，為甚麼要做全民民調呢？豈不是容許激進派和嫌他們篤眼篤鼻的藍營，齊手夾擊，倒自己米？

　　第二、在非法初選中，激進派佔盡上風，就算民調做手腳，都無法改變這大勢所趨。如今，香港民研鍾庭耀的民調，顯示有 63% 自稱民主派的支持者，反對民主派議員留任，僅 20% 表示支持。這個出乎意料的結果，令民主黨六神無主，錯上加錯，押注在新一個民調上。萬一新民調又主張總辭，騎虎難下，夾硬留低，食相更難看。即使新民調支持留任，政敵一定罵臭你輸打贏要。傳統泛民希望透過民調，贏取留任合法性，注定失敗。近年激進派狙擊傳統泛民，想把他們擠出權力核心之外，取而代之。為何傳統泛民繼續給他們捆綁在烈火戰車之上，一齊衝向懸崖呢？總辭這鬧劇，反映傳統泛民缺乏雄圖大略的領袖，其實，《國安法》一出，政治局勢已大定了，傳統泛民需要的，是更周詳地部署以後怎麼走，激進派一定和你死過，分裂難免，何必被它牽着鼻子走呢？

　　　　　　　　　　　　　（原刊於 2020 年 8 月 25 日《頭條日報》）

林卓廷和許智峯的神秘夥伴

《國安法》如霹靂劍,劍一出鞘,把許多一直躲在暗處的神秘機關都映照出來。上星期三,有一個香港人沒怎麼聽聞的德國「諾曼基金會」宣佈關閉香港辦事處。基金會宣佈,由於警方 8 月 26 日拘捕多名人士,包括基金會的長期「合作夥伴」(林卓廷、許智峯等人),由於擔心員工會被指控為「外國特工」,它將凍結在本港的活動,遣散四名在港員工,早前已有一名員工因擔心人身安全而辭職。林、許可以告訴我們,和基金會合作些甚麼?有收受基金會的資助嗎?

大家是否想起逃亡德國的黃台仰及李東昇?他們參加 2016 年「旺角衝突」,被控暴動和煽惑非法集結等罪,卻逃到德國獲政治庇護。黃、李二人又是否基金會的合作夥伴?他們着草到德國,有否得到基金會的支持?

諾曼基金會是 1958 年由西德總統特奧多爾·豪斯創立,與德國歷史最悠久的自由民主黨和國際自由聯盟有關聯。其年報顯示在 2018 年財政年度的經費達 7.7 億港元,包括約 9 000 萬港元用於亞洲地區。經費中有多少用在香港?

基金會專注在中國有分裂傾向的敏感地帶活動,包括西藏。2008 年西藏騷亂後,新華社引述德國外交政策網站披露,基金會認為可利用北京奧運向中國政府施壓並以此部署多項抗議活動。根據立法會紀錄顯示,單仲偕和李柱銘曾接受贊助機票酒店到德國,可見基金會在香港插旗甚久,和反對派政黨有千絲萬縷關係。

諾曼基金會是歐美在港插手政治的冰山一角。香港是世界間諜中心,政客只是幕前演員,幕後寫劇本、操盤搵水的大有人在。堅信沒大台的,是太天真了。

(原刊於 2020 年 9 月 29 日《頭條日報》)

敬酒唔飲飲罰酒

立法會刮起大風暴，人大常委發佈決議，立法會議員有宣揚或支持「港獨」主張或危害國家安全等，一經依法認定，即喪失議員資格。政府隨即 DQ 楊岳橋、郭榮鏗、郭家麒及梁繼昌 4 位議員。19 名民主派議員宣佈總辭。他們是以退為進，明知中央遲早會掃他們出局，及早走保留政治本錢。奇就奇在：林鄭表示此決定是她向人大請求的，即主動權在她。

我滿腦子疑問，為甚麼林鄭不一早在立法會宣佈延遲一年選舉，北京任由特區政府決定議員去留時，快刀斬亂麻把這四位已被 DQ 的議員踢出局？這樣一箭雙鵰，把泛民議員逼埋牆角，令他們進退維谷。經反修例一役，林鄭沒可能對和反對派大和解有任何幻想。她為何不行使權力斬草除根？有權不用，一拖再拖，像委屈的媳婦求阿爺開刀？難道決定來自北京，林鄭只為自己保留一點面子？

真相如何？中聯辦的聲明透露了玄機：「鄧小平早就指出，港人治港有個界線和標準，就是必須由以愛國者為主體的港人來治理香港，⋯⋯這一決定，⋯⋯在制度上劃定了底線、立下了規矩，同時也為香港特區根據全國人大常委會有關解釋和決定開展《基本法》第 104 條本地立法工作，進一步提供了法律支撐。」

把擁護《基本法》和效忠國家的立法很快便進行，DQ 四議員只是小雨點，暴風雨即將來臨，未來被 DQ 的還有更多人。中央決心整頓香港，早前宣佈深圳是大灣區引擎，現在把首屆博鰲論壇國際科創論壇選在澳門舉行，香港敬酒唔飲飲罰酒，DQ 議員只是重新佈局的其中一步棋而已。

（原刊於 2020 年 11 月 12 日《頭條日報》）

反修例大騙案

去年 8 月，反修例運動來勢洶洶時，我曾將它比喻為電話騙案：一通假扮內地公安來電，挑動港人的恐共情緒，一味靠嚇，即使逃犯條例只針對重犯，卻令羣眾中身家清白的都擔心自己犯了法，不問真相不冷靜分析，便墮入騙徒的心理陷阱中，像催眠一樣，失去判斷力，按指示奉獻金錢。它又像一個愛情騙局，騙徒扮正義超人，用甜言蜜語，欺騙純情無知羣眾，令其自動獻身，到東窗事發時，一個個懵仔已被「劏咗」。

我的預言不幸一次次應驗。最近先後有去年「11・11 大三罷」當天故意慢駛及襲警罪成的前小學教師，涉嫌洗黑錢被捕。他和家人坐擁千三萬物業，卻在網上聲稱拮据，眾籌 50 萬為父母籌醫藥費，涉嫌籌得五百多萬落袋。另一個是網台主持，以「千個爸媽」為名發起眾籌，聲稱協助逃亡到台灣人士，勁獲逾千萬港元，他懷疑挪用約六百多萬買股票。肥過肥仔水，日前被捕。

香港人多是眉精眼企醒目仔，搞乜鬼個個變成豬頭炳？被騙感情兼呃錢，但足有一萬人聽從騙徒邪魔指揮棒，誤信一步到位的民主烏托邦，誤信搞革命毋須代價，大腦裝水，結果騙徒倉皇被捕，回水無望。

衍生出這麼多騙局，因為反修例運動本身是大騙局！它建築在謊言之上，它的 DNA 是反智、違法、欺凌，只問顏色，不問對錯。騙徒有機可乘，和你稱兄道弟，其實當你 × 弟。

反修例運動像一把不見得光的巨型黑傘，遮掩着蛇鼠一窩，在舔食邪教般的政治運動帶來的油水。被宰割的豬頭炳都不願醒來，不敢照鏡看見被搵笨的自己。

（原刊於 2020 年 11 月 24 日《明報》）

你未見識過真正的監獄！

港大學生會不理校方警告，決定如期放映三場《地厚天高》，他們在測試《國安法》的底線，以為最多咪坐監囉！

掀起軒然大波的《地厚天高》講述「本民前」前發言人梁天琦參選立法會的心路歷程，片中宣揚「以武制暴是我們唯一的出路」、「光復香港，時代革命」、「香港獨立」、「直搗中聯辦」等。港大校方要求學生會停辦播映會，因為有機會觸犯《國安法》第20條「不論是否使用武力或者以武力相威脅」來分裂國家，或第21條「任何人煽動、協助、教唆、以金錢或者其他財物資助他人實施本法第二十條規定的犯罪的」，隨時重判五至十年監禁。

蠱惑政棍如羅冠聰和許智峯等，已夾着尾巴逃之夭夭，卻矯情地叫人衝，自己鬆。壹傳媒老闆黎智英重金禮聘律師幫他力爭保釋，英國政府則不惜施壓，令大狀 David Perry 放棄來港當黎智英案主控，勞師動眾只盼幫黎逃過坐監一劫。民主黨前主席胡志偉被還押，全因偷偷地留起 BNO 護照。還有十二瞞徒事件，投奔怒海只為逃過坐牢之災。坐監不是玩的！

八間大學學生會，五間今年沒有人上莊，只剩下被謔稱「暴大」的中大，曾經成為戰場及發生圍城事件的理大，以及港大三間的學生會有人上莊。中大近日有五人因潑粉末事件被捕，科大則有學生因為追悼周梓樂事件而被校方停學一學期。校方都是苦心保護學生。

已經是一場失敗的政變，不要當炮灰。當你說：「我們有被捕心理準備。」只因你未見識過真正的監獄！

（原刊於 2021 年 2 月 4 日《明報》）

還 M + 還希克一個公道

因為一幅艾未未以中指指向天安門的作品，令未開幕的西九 M+ 博物館傷痕纍纍。

我看報道也懷疑有問題，但連夜翻查資料及上 M+ 網頁細看作品，發現希克在 2012 年把 1 510 件捐贈／售予 M+，多是價值連城的精品，包括中國當代藝術響噹噹的名字，如方力均、岳敏君、張曉剛、徐冰、谷文達等。當年保守估計這批藝術品市值起碼值 13 億元。當中 1 463 件是送贈，47 件是根據交易條件以 1 億 7 700 萬元售予 M+。

今天，以 1 億 7 700 萬元恐怕連一成也買不到。如和「M+ 希克藏品」之一是張曉剛《血緣：大家庭十七號》的同系作品《血緣：大家庭三號》2014 年以 9 420 萬港元成交，艾未未一幅《葵花籽》以 608 萬港元成交……「M+ 希克藏品」是 M+ 鎮館之寶，是世界各大博物館垂涎的寶物。它未來為香港帶來的旅遊收益，建立香港作為國際大都會的價值，遠超 1 億 7 700 萬元。

希克是全球最大的中國當代藝術作品的收藏家，早在 40 年前，沒有人看得起中國當代藝術家，他獨具慧眼收藏、探訪 2 000 個藝術家工作室，委約藝術家創作。他以馬拉松選手的魄力和毅力，推動當代中國藝術發展。他 1997 年創立「中國當代藝術獎」，去年把獎項頒給一個香港年輕藝術家，獎金 50 萬元。

希克是紐約當代藝術館及倫敦 Tate 博物館的理事，他加入 M+ 董事會，香港該感謝他。你或許不喜歡艾未未，但希克把畢生心血送給 M+，是看中香港享有藝術自由，請好好呵護它，不要讓它隨風飄走。

（原刊於 2021 年 3 月 26 日《頭條日報》）

我比你更有權失望

人大通過的政改，是重奪政制的話事權。韓正一早預告了，政改是顛覆和反顛覆之爭，是一場生死相搏。

你失望，因中央把泛民操控政權的渠道堵塞了，但我比你更失望，因為把香港民主制度一手斷送的，不是中央，而是泛民。是誰利用民主制度的漏洞，不斷拉布，阻撓施政？是誰用香港納稅人的錢，卻和境外勢力勾結？

我自大一起便幫民主黨議員拉票，多年來一直投票給泛民，自開辦出版社後不計較酬勞，為紀念民主黨司徒華出書，和為公民黨余若薇出文集。然而，我目睹泛民變質了。

民主不僅是程序，它最終是為了良政善治，給予老百姓更繁榮穩定的生活，更大安全感和自由。但佔中、旺暴和反修例運動，讓我見識到一班泛民政棍埋沒良心，鼓吹違法，見到火燒人、飛磚擲死人，不加譴責，教育界議員見到大學變成軍火庫、未成年學生變成恐怖分子，不表反對甚至吶喊助威，醫學界和衛生服務界議員見到疫情肆虐，醫護竟然罷工，卻不勸阻。享香港俸祿，卻推香港入地獄；活在中國國土上，卻樂見國旗丟落海，甚至和美國政客眉來眼去，更大搞初選，企圖操縱選舉，明言會無差別阻止法案通過，否決財政預算案，攬炒香港！

如果香港的民主制度，只為選出毀滅香港、破壞法治、荼毒下一代、扼殺市民安居樂業、崇洋反中的政棍，要這個「民主」來做甚麼？

有民主程序時不好好珍惜，一手破壞它；當中央來收拾殘局，施手術救活一個奄奄一息的垂危病人，請不要呼冤。我比你更有權失望。

（原刊於 2021 年 4 月 1 日《明報》）

第三章

疫症兇猛

袁國勇不為人知小故事

　　以下是個恐怕連袁國勇也忘了的小故事，但我想寫下來，讓大家認識一個學術水平高超，而宅心仁厚的好醫生是怎樣的。

　　故事發生在 2003 年沙士爆發前。當時我是明報副刊採訪主任，一個年輕同事 Bella 患上怪病，羣醫無策，她身體虛弱，頭髮都掉了。我非常擔憂，一夜忙完手頭工作，致電給她，她已轉到大埔一所醫院裏。她說醫生依然找不到病因，病情愈加嚴重。我覺得不能再拖了，於是找上明報醫療版一姐談誦言。她說：「等我去找港大袁國勇教授，他專醫奇難雜症。」我們只是一粒微塵，他會接嗎？出乎意料之外，在談誦言仗義幫忙下，袁國勇和我通電話，當時很晚了，大約十點，他毫無架子爽快說：「好，你安排同事入院，我回瑪麗醫院等你。」我開心得幾乎瘋了，不能相信自己的耳朵，火速致電 Bella 和她母親，豈料她們拒絕轉去瑪麗！

　　Bella 聲音微弱地說：「這所醫院院長……也親自來看我的症，我轉了許多次醫院，不想……再轉了。」我急得哭起來，「求求你啊，袁教授是微生學專家，不是普通醫生，難得他親自接你這個症，求你今晚就轉，不要再拖。」

　　我力陳厲害，她們終被我說服，那夜飛的士轉到瑪麗。袁國勇彷如神探福爾摩斯，抽絲剝繭偵查出 Bella 是感染了一種罕見的細菌。他對症下藥，Bella 留醫數月後，奇蹟痊癒！

　　不久，沙士爆發，袁國勇深入戰場，破解病毒源頭。今次新冠肺炎病毒，他再度披甲出征，展現在他身上，是智仁勇俱備的仁醫本質。在紛亂複雜的環境下，讓我們回到初心，尊重生命，始終如一。

（原刊於 2020 年 2 月 10 日《頭條日報》）

無私無畏真英雄

　　一場新冠肺炎，令本已超負荷的警隊、醫護、消防和衛生，百上加斤，倒瀉籮蟹⋯⋯

　　幸危急之際，出現了一班義膽仁心的雷霆救兵，在高危的醫院、隔離營、關口等地救急扶危。他們不需保險，不問工傷，不收費用，不問午餐安排，不需要交通接送，不問收工時間。這班急 call 義工由休班或退休紀律部隊人員組成，由退休前為高級消防區長的麥錦輝帶領。

　　麥 Sir 是籃球好手，曾帶領香港隊出賽，富有領導力。他前年見「山竹」吹襲後滿目瘡痍，於是聯合六大紀律部隊，包括懲教署、海關、警察、入境處、消防和飛行服務隊，一呼百應，攀山越嶺鋸樹。

　　今年疫症狷獗，他透過有七萬會員的工會和退休羣組，組織義工，到偏遠隔離營做準備，到電梯遭縱火的粉嶺暉明邨做咕喱，搬笨重傢俬落樓，再搬到火炭駿洋邨，到高危醫院做阿四，幫醫護洗衫摺牀單、迎着寒風，到三大關口幫回港人士戴電子手帶、長駐海關 call centre 定時電聯家居隔離者⋯⋯這班不怕死不怕辛苦，不嫌工作低微，24 小時 on call 和 on duty 的義工，是香港的無名英雄。

　　麥 Sir 說：「暉明邨沒電梯，要逐件傢俬搬落樓。政府下午三點 call 我，我三點半到，心想定要搬到通宵，幸好班兄弟反應神速，下午八點大功告成。我們長駐關口，幫入境人士戴電子手帶，但有老人和小孩沒有智能電話或不懂用電子手帶，由我們教，我們受過訓練，懂得穿保護衣物。」

為了幫兄弟買保險，正式成立「香港紀律部隊工會義工服務隊」，但「保險公司聞疫症色變，不肯接我們的單！」麥 Sir 苦笑。

　　無私無畏真英雄，有勇有謀愛香港 —— 我贈義工們的！

（原刊於 2020 年 2 月 20 日《頭條日報》）

「快到睇唔到」救援奇蹟

一提起「鑽石公主號」，大家猶有餘悸！船上 3 711 人，疫症感染者近 700 人，平均六個人就有一個人感染，遠高於武漢！更有被驗測為未受感染者，在下船或回國後，才被確診為疫症患者，令人震驚。

不過，在「鑽石公主號」出事前，中國天津卻悄悄化解了一場比「鑽石公主號」更重大的疫症危機。郵輪名叫「歌詩達賽琳娜號」，載着的人數，比「鑽石公主號」多 1 000 人，情況和後者驚人地相似，郵輪由美國公司經營，船主是意大利的，靠在天津港口，牽一髮便扯動多國的責任。

船上有 140 多位湖北籍遊客，先後共有 17 人出現發熱症狀，感染風險極高，靠岸時距武漢封城，剛過去了 39 小時，天津正為防疫忙得團團轉，卻仍要抽身扛起這個病毒炸彈，連夜開會，商討應對之策。

1 月 25 日凌晨一點。「歌詩達賽琳娜號」殺到，雷霆救兵 —— 疫情專家和醫務人員已經準備好了！立即登船檢採樣本，檢查郵輪情況。凌晨五點半，18 名工作人員全副武裝登船檢測，對船上的 4 806 人加速檢查。

為了更快地運送疑似人羣的分泌物樣本運回陸地，他們採用直升機。但郵輪上沒有停機坪！工作人員情急智生，就用懸吊的方式將樣本箱裝機。

僅用 17 分鐘，直升機到達機場。警車已在候命，爭分奪秒地把樣本送往疾控中心。即使檢測結果全部為陰性，但工作人員不敢怠慢，將疑似患者及其密切接觸者，單獨隔離。

僅用了一天時間，天津官方宣佈，4 806 人的「歌詩達賽琳娜號」的檢測、疏散、安置工作全部完成！危機解除，成就了一次奇蹟救援。

儼如一次軍事行動，迅速安排好，快到睇唔到。

（原刊於 2020 年 2 月 27 日《頭條日報》）

世界很危險，滾回火星去！

　　周星馳笑爆嘴的名句，成為今天欲哭無淚的現實。

　　有人以為「新冠肺炎」是一樁中國事件，歸咎於中國人吃野味或隱瞞病情，但它的傳播速度極快，一個月內席捲全球。當年，沙士主要殃及北京、廣州和香港，國外影響較深的則只有加拿大、新加坡和越南等和中國關係較密切的國家。今天，交通發達，內地一小時生活圈，國外飛機、郵輪和火車，變成承載病毒周遊列國的火箭。即使中國屬行封城，疫症仍如水銀瀉地，一個超級傳播者，足以顛覆一個國家。

　　新冠病毒如一面照妖鏡，將各國深藏在地氈底的問題都翻出來。日本是沒有病假的，打工仔即使發燒也會死頂返工！官僚制度僵化，法例不能禁制疑似個案的行動。還有官二代的傲慢——前首相橋本龍太郎之子橋本岳，現任厚生勞動省副大臣，大罵神戶大學的岩田健太郎，他們那副嘴臉，暴露日本政壇的腐敗。那邊廂，韓國異端邪教深入民間，新天地教會一月率眾去武漢，回國後仍強逼聚眾崇拜，不理信眾死活。伊朗則慢三拍，2月下旬疫症患者飆升，才禁止中國旅客入境，伊朗失守，令中東陷入危機。

　　面對全新病毒，全世界都老鼠拉龜，中國以「沙士」作為參考座標，寧願付上沉重經濟代價，也屬行封城，極速建成火神山、雷神山，抗疫後勁凌厲。美國則闊佬懶理，特朗普說，每年美國死於流感的有幾萬人，言下之意是：新冠病毒算老幾？然而，全美國連提供給醫護的口罩都不夠。新冠病毒來勢洶洶，美國真的能擋得住？

　　不要妄想去火星避難了，你只能活在危險的地球，腳踏實地解決問題吧！

（原刊於 2020 年 3 月 3 日《頭條日報》）

救國狂人

一個身家百億的富豪，在大年初二新冠肺炎在武漢大爆發之際，趕到武漢去！

他叫汪建，是全球最大基因檢測公司華大基因創始人，被稱「基因教父」，他最愛極限運動，56歲登上珠峰，出口狂妄，被任正非稱為「有爭議的神人」。一個我形容自己「貪生怕死，自私自利，貪婪懶惰」的人，卻在除夕夜因聽到鍾南山證實病毒「人傳人」後，給國家衛健委寫請戰書，請求協調鐵路運輸，安排華大基因的員工進入武漢。他從老遠的深圳趕去武漢，一下車，就下兩道軍令，一、要把檢測能力提升到每天一萬人份。二、診斷試劑生產能力要達到每天十萬人份。前此，武漢的檢測能力只有每天2 600例。

汪建花五天建成火眼實驗室，將病毒檢測能力提升十倍，同時在全國複製，其重要性不下於「火神山醫院」。因為確診，就是救命！不能確診，患者只能回家等死，跟着傳染給家人，招致滅門之災！

汪建最終目標，對疑似患者達到核酸檢測「清零計劃」，截至3月2日，已累計完成130萬人份病毒試劑盒的生產，全國完成檢測36萬人份。

汪建最愛大幹一場！2003年沙士，他喬裝混入廣東防治小組的會議上，誇下海口：「我們只要拿到病毒樣本，幾個小時就可以解出結構，有了這個，你們能夠立馬着手疫苗研發！」震驚之語贏來機會，36小時後，華大破譯了四株沙士病毒全基因組序列，隨後他將30萬份試劑捐獻給政府。

他相信科技救國，人人可活到 120 歲，一早給自己寫好了墓誌銘：汪建：1954-2074，精彩人生。

一個狂人，幫助全國力挽狂瀾。精彩！

（原刊於 2020 年 3 月 10 日《頭條日報》）

一張藥方救武漢！

1月24日，因革新了糖尿病醫治而揚名世界的中醫仝小林，取消度假，自發馳赴武漢參與抗疫。64歲的他一到埗，奔波於醫院、方艙和社區。眼見醫院瀕臨崩潰，患者一牀難求，他得出結論，救人的第一道防線是社區！

他分析疫症是「寒濕疫」，在武漢濕冷的環境下較易傳播，救治原則是「宣肺化濕」，他火速擬定出「通治方」，讓未能入院的新冠病人和普通發熱者，吃了都能見效。中醫講究一人一方，要求望聞問切，可現在萬人一方，怎樣保證沒有副作用？

仝小林想出了妙計。他聯繫了武漢及江蘇兩家藥企，為武昌區提供了數萬人份量的湯劑和免煎顆粒，2月3日起在武昌全區免費發放，每人14天用量。他領導的中醫團隊又與中科院首席研究員劉保延教授團隊合作，緊急開發出一款手機App，投入幾百名後方醫生，在線上一對一遠端指導病人服藥。一般病人喝三天藥，病情已得到好轉，這樣不用試紙和CT，就把新冠肺炎的染病者都篩出來了。

從2月6日到10日，仝小林指導人員深入社區跟進。患者在家中通過手機填寫病情，相應的藥就直接開出來了，再讓配送員送藥到家，還可以代煎。無法入院的患者得到及時救治，還杜絕了頻繁接觸，避免交叉感染。他精益求精，藥方已出到第七版，由前線醫生根據病人的情況開加減方。

仝小林的抗疫貢獻，不下於鍾南山，他想出的「武昌模式」，即通治方＋政府搭台＋互聯網，救了武漢千萬人的生命，值得世界各地參考。

（原刊於 2020 年 3 月 16 日《明報》）

黑色笑話

朋友的臉書上，看到這則令人欲哭無淚的冷笑話：

昨晚午夜時分，大樓一個單位突然響起一個女人憤怒的罵聲：「你都已經知道疑似了，怎麼就不知道疑似的後面是甚麼？你說呀！你站那兒發呆有甚麼用啊？」

樓上樓下剛熄滅的燈光幾乎同時全亮了，疑似的後面……不就是確診嗎？天啊！人們紛紛爬出窗口伸出腦袋豎起耳朵四處探求聲音的來源。有人甚至準備打電話報警。

這時候罵聲又響起：「疑是……地上霜啊！就這麼簡單的四句詩你都背不出，養你這麼大有甚麼用啊！」

頓時，樓上樓下的燈紛紛熄滅。夜，重歸寧靜。

……若只是地上霜就好了，最慘是周身傷，荷包傷，心又傷。緊接是舉頭望明月……低頭思……甚麼好呢？何時才能返故鄉？我們熟悉的熱鬧繽紛、國際交通樞紐、經濟蓬勃、盛事連連的香港，是如此遙遠。

黑色幽默反映的是人心惶惶，如驚弓之鳥。第一，潛伏在社區的染疫者是隱形的，最有可能給你死亡之吻的是跟你親密接觸的親友、鄰居、同事……如何防範呢？萬一親人因你而死，就像北角佛堂的太太傳了給八旬丈夫，最後丈夫病重而逝，太太的歉疚將是如何沉重？

第二，防疫令人疲勞，奮戰半年才險勝首回合，以為可以放鬆心情，重過正常生活，為血流成河的經濟輸血保命，卻又有病毒打開缺口，令疫症重臨，比之前更兇猛；第三，確診者數字每天創新高！萬一醫院爆煲，不能接收新冠肺炎的病人，恐怕會引

致全城恐慌。

　　唯獨牀前明月光，冷照人類億萬年來的生關死劫，一切終會過去，痛苦是必然過程。

（原刊於 2020 年 7 月 15 日《明報》）

給施捨五百元予乞丐的特首

三年前，你參選特首落區時，曾向乞丐婆婆慷慨施捨 500 元。這一善舉，不幸地暴露了你距離民情很遠。你在臉書提到 1980 年初入官門做 AO，畢竟是 40 年前的事。我相信你真心為香港好，但你身處高位，不知民間疾苦，早前輕率取消全日堂食，令市民雨中跍街吃飯，仍歷歷在目。

知否你操香港 700 多萬人的生殺大權？知否你像高空踩鋼線雜技員，必須在防疫及經濟之間，謀取平衡？側埋一邊，都會令香港粉身碎骨！

你有沒有走過晚上的香港？鬧市變成死城，你有沒有聽過百姓的心聲？多少打工仔被迫放無薪假？丟了飯碗？多少老闆死撐硬食，只因不忍心炒掉伙計？多少人畢生努力建立的事業，因為疫情而全部毀掉？你聽到防疫專家的聲音，可有聽到市民在叫救命？

你聽到反中醫護在抹黑內地醫護，但你有否參考內地貨真價實的抗疫經驗？內地推行全民檢測和健康碼，成功令全國 14 億人口的新增確診和死亡人數，遠低於香港！他山之石，可以攻玉。全民檢測的軟硬件都整裝待發了，卻又橫生枝節，卡在採樣方法上，無法啟動。中央全力支持香港抗疫，為甚麼不盡快以清零為目標，重啟經濟？

幾百億元的保就業計劃又出台了，但我不想變成乞丐婆婆，攤大手板要施捨、拿救濟，吊鹽水般半死不活。我最想靠一雙手掙錢過活。

時間一分一秒地流逝，拯救香港的窗口愈來愈窄，是時候以

無比魄力和意志帶領香港出紅海。開啟香港逃生門的鑰匙,就在你手。希望你不要令我們失望。

(原刊於 2020 年 8 月 20 日《明報》)

浴火重生 vs. 變燒雞

　　即將開展的全民檢測，既是一場抗疫戰爭，也是一場打擊反對派「攬炒香港」的防衛戰。

　　香港慘受疫情蹂躪，各行各業叫苦連天。全民檢測可以找出隱形病毒帶菌者，盡快切斷傳播鏈，重啟經濟，救市民於水深火熱之中。疫情漸緩，便可推行「香港健康碼」，方便粵港澳通關，商務、旅遊逐步恢復過來。香港是大灣區重要板塊，影響大灣區的整體發展。

　　為甚麼反對派一直在抹黑「全民檢測」呢？因為民怨就是其政治本錢，疫情愈嚴峻，經濟愈差，就會愈多人投向反對派的懷抱。

　　所以他們控訴來港協助檢測的內地醫護無牌照，抗議港府沒有諮詢社區，安排華大基因改建中山紀念公園體育館做「火眼實驗室」，又指中央借檢測偷基因，以便把市民資料傳輸到內地⋯⋯

　　這種陰謀論，叫人啼笑皆非。既然你已認定港府聽命於中央，港府何不直接把港人的資料直接傳輸內地？豈不簡單快捷？何須大費周章，弄個全民檢測來偷基因？中央要懲治的是勾結外國勢力和顛覆政權的頭子，國安法是雷霆手段，奉公守法的市民怕甚麼？

　　如今國家出錢，免費為港人建臨時醫院，派檢測隊伍來協助做化驗。對比反對派視為再生父母的美國，在香港危急存亡之秋，取消給予香港貿易上的特殊地位，暫停或終止與香港的三項雙邊協議，包括移交逃犯協定、移交被判刑人協定，以及國際船

運所得收入的雙重課稅寬免協定。

　　誰是幫助香港如火鳳凰浴火重生，誰想你變燒雞，一啖噬落嚟，藉此拖中國後腿，不是已經很清楚了嗎？

（原刊於 2020 年 8 月 24 日《明報》）

專家變蛋散

　　這個時代，專家說話愈來愈似蛋散，議員行為則愈來愈似爛仔。最近有兩個荒謬的例子。

　　一是香港頂尖學府知名傳染病專家，公開表示對「全民檢測」成效存疑，認為「全民檢測成效很低，加上自己有嚴格管理生活，除了上班就是回家，外出購物不會除口罩，受感染機會極微，不會懷疑自己是隱形傳播者，故不參與檢測。」另一個是醫生協會會長向全民檢測潑冷水，理由是或出現「假陰性」、「假陽性」等情況，防疫應由市民做好個人防護措施及減少大型聚會等，政府應集中資源針對高危羣組檢測。

　　聽到我呆了，以為他們是蛋散。可知你們並非代表個人，而是代表專業和組織，但一個說單憑感覺判斷，第二個挑剔檢測的極少數誤差來誇大問題。若是如此，以後毋須做體檢，因為總有誤差，以後毋須看醫生，因為你生活正常，不應該有病，即使有病，不要去醫院，那裏病菌多染病風險高。兩人沒有提出如何找到隱形帶菌者，話之你。專家有鐵飯碗，懶理市民和商戶朝不保夕的痛苦。醫者無父母心，一味挑「全民檢測」的骨頭，以身作則做「不檢測」的示範單位，有違醫者濟世為懷的使命。

　　另一震撼事件，是兩位立法會議員涉「暴動」、「刑事毀壞」等罪名被捕。立法者（law makers）成嫌疑犯法者（law breakers）。近年立法會經常大打出手，發生肢體衝撞、動輒包圍黨同伐異的政敵。第一個被捕的在「七二一事件」現場，非但沒勸交，反而火上加油。第二個經常置身暴動現場，站在暴徒一邊。反智的年代，專家變政棍，政棍變流氓！

（原刊於 2020 年 8 月 27 日《頭條日報》）

澳門能，為何香港不能？

許多香港人一直看不起澳門人和內地人，但這次疫情，香港輸了一大個馬鼻！

澳門已成功控制疫情，建立有效核酸檢測、感染源頭追蹤和傳播鏈阻斷的機制，推行健康碼，重啟澳門和內地正常通關安排，部分內地居民已經恢復到澳門自由行，經濟死而復生了！香港人只能望澳興嘆。同樣地，深圳朋友說，生活已大致恢復到疫前正常模樣，香港就是不能，因為被反中抗共的一羣人，綑綁雙手，動彈不得。澳門能，內地能，為甚麼香港不能？

首先，因為內地和澳門雙方共享出入境人員的信息。香港連推行全民檢測都被反中分子抹黑為中央陰謀偷取港人的資料。這樣荒天下之大謬，竟有不少人相信，誓死反對全民檢測。

香港政府對拒中抗共分子十分避忌，不敢強制全民檢測，以致無法推行港版健康碼，無從和內地通關，重啟自由行，眼巴巴看着香港旅遊業和零售業等死寂一片，經濟滑向深度衰退。

港府不能強制全民檢測的邏輯在哪裏？既然可以強制全民戴口罩、入境14天隔離、暫停晚市堂食和勒令部分商店停業，為何不可以強制全民檢測？為了抗疫，政府是有這個權力的。

為今之計，我們只能自求多福，公司大可要求僱員做檢測，正如要求新僱員上班前要通過體檢一樣，香港有近400萬勞動人口。要求員工做病毒檢測，可以保障公司業務及全體員工的安全。其實單是香港公務員已有17萬人，醫管局近8萬人，兩者相加起碼有20幾萬人。但港府就是沒有這個「吉士」，我們只能看着澳門和內地同胞把香港遠遠拋離，跑第尾！

（原刊於 2020 年 8 月 28 日《明報》）

醫者冷血心

「普及社區檢測計劃」一直被政治上腦的人,作為鬥爭工具。截至執筆時,在驗出的 20 萬個樣本中揭發四新症,有醫學專家說:「全民檢測成效低,估計每宗確診成本達數百萬元。」他的反對理由還有,市民驗出陰性後會放鬆防疫、假陰性、潛伏期會驗不出、不是全民檢測故效用成疑⋯⋯各種檢測的壞處,都是雞蛋裏挑骨頭。這種漠視人命、毫不科學及缺乏常識的冷血說話,竟來自天職救人的醫生口中,令我震驚和齒冷。

首先,新冠肺炎之可怕,在於它的高度傳染性,足以一傳十,十傳百,複合增長,引致社區爆發,以其中的兩個確診者為例,一是 67 歲女子,平日會出入多個街市,另一是 22 歲女子,會從屯門的家到順利紀律部隊宿舍探朋友。如果沒有此檢測,他們會繼續把病菌在社區傳染出去,後果不堪設想。

「專家」的粗糙計算,漠視疫症的經濟代價,因為經濟停擺,帶來的金錢代價十分高昂。多少店舖、食肆、航班因疫情未受控,每天吊鹽水。其次、陸港經濟緊密互通,由於疫情未止,令粵港澳健康碼無法互通,香港旅遊業重創。很多在內地工作的朋友,已半年沒有返港見過家人。內地 14 億人口證實透過廣泛檢測和推行健康碼制度,可以恢復正常生活,重啟經濟,香港卻因太多人抹黑檢測,令香港反彈無期。

我真想問問這班人,有沒有拿政府的 1 萬元?有沒有拿保就業資助?有着數時就「攞盡」,為了一己的政治私心,挑剔檢測,漠視社會的福祉,他們本身就是黑心思想的隱形帶菌者,是社會的潛在隱患。

(原刊於 2020 年 9 月 5 日《明報》)

尋找一百壯士嫖客

近日驚嚇度最高的疫情新發展，必定是確診妓女引爆百人嫖客染疫疑雲。事緣一個 42 歲姓何中國籍賣淫女子，8 月坐大飛從珠海偷渡到香港，可能在港感染新冠肺炎。來自貴州的她分別在旺角酒店及大圍鳳樓內接客，染疫的潛伏期間工作辛勤，每日接觸數個客人，累計近 100 個嫖客！

警方在 10 月 28 日掃黃行動中，發現她喉嚨痛，31 日確診，源頭未明。警方傾全力追查這近百個嫖客，以防嫖娼群組爆發。現正由西九龍總區重案組 5A 隊調查，透過大廈及酒店閉路電視、翻查電話紀錄、聯絡馬伕等方法，全力追查這 100 個嫖客的下落。

如果你是這 100 個嫖客其中之一，真是有得震冇得瞓，既擔心中招，也擔心萬一被警察找上門，如何面對老婆、女伴、親友、同事或老闆的懷疑目光？警方表明將以保密方式追查，小則派樽仔給你，大則問長問短，尷尬不已。

是否應及早去檢測呢？在此全城追蹤嫖客之際，無端端去驗病毒，會否惹人疑寶？不打自招藏有不可告人的秘密。如果不幸染上，又該如何向老婆女友交代？隨時家變喎。

100 個嫖客，背後是 100 個家庭，100 間公司，萬一由嫖客變成源頭傳染開去，如何抵得住良心和道德的譴責？回頭看，此妓女會否是從另一個嫖客感染呢？香港是否隱藏了一個肉搏的「黃色經濟圈」，把新冠肺炎傳來傳去。

100 個壯士即使中招，一定不會坦白從寬，永遠源頭不明，難以撲滅，是香港疫症最神秘的一章。

（原刊於 2020 年 11 月 4 日《明報》）

沒有最危險，只有更危險

執筆之際，全世界各地包括香港，紛紛禁止過去 14 天內曾停留英國的人入境！據說英國出現逃亡潮，彷彿是世界末日。

此情此景是否似曾相識？一年前，世紀疫症突然在武漢爆發，令人聞武漢色變！西方國家不少藉此攻擊中國，至今仍有人稱新冠肺炎為武漢肺炎，藉此來污名化中國。

當時面對內外攻擊，中國以作戰思維與惡菌作戰，火速把武漢封城、幾日內建方艙醫院、調動全國醫護到武漢救人，令全國大部分地方在五一勞動節前大致將疫情控制。

我在內地個多月以來，親身感受到中國滴水不漏的抗疫策略。我在上海隔離 14 天期間，在居住的浦東酒店旁邊，爆發了零星確診個案，相信是在機場貨運站染疫的。政府迅即封閉小區，在一兩日內做大規模檢測，以迅雷不及掩耳的速度斬斷傳播鏈，令確診數字歸零。

中國把疫症看作火災，分秒必爭地撲滅，一個都嫌多。我無論到蘋果手機店或搭長途巴士，都要檢查身分證和健康碼。政府極嚴謹的防疫措施，造就了極安全的生活環境。我們上街甚至不用戴口罩，亦沒有限聚令。聖誕節氣氛濃厚的上海和杭州。到處是熱鬧的人羣，市民歡笑聲此起彼落，對比香港，對比英國，好像兩個世界。

疫症像一面鏡子，映照各國的心態、文化和管治效能。以傲慢與偏見看待中國的人，是時候擦亮眼睛去認識 14 億人口的古老大國，是如何運用創新科技，打勝一場凶險的世界大戰。祝願英國能夠及早戰勝疫情，真正普天同慶的日子盡快降臨。

（原刊於 2020 年 12 月 22 日《明報》）

武漢，我來了！

執筆之時，我正在從杭州東站駛出的高鐵上，向着微型藝術巡迴展第三站也是最終站：武漢奔馳，內心充滿期待和激動。

今年 1 月，我們為武漢首展準備得如火如荼之際，卻突然一種聞所未聞而兇猛無比的疫症，它如烈火吞噬無數生命，展覽無限期押後，武漢封城。我心悲痛。

「武漢」曾經是死神的代號，人人聞之色變。我卻因準備展覽而夢縈魂繫武漢久矣，恍如和她有血脈之親。我收起眼淚，決定做一個微型藝術作品送給武漢，就以長洲搶包山為題，以鼓勵武漢以至全國同胞。

一柱擎天的包山頂是八個奮力向上的健兒，包山下是世界一流樂團都使用的武漢大鑼，一鳴天下響。當司儀的是曾經奪冠，但因車禍而要坐輪椅的「包山王」。他有永不放棄的「獅子山精神」。藝術家陳鴻輝為追求逼真，6 000 個小若紅豆的平安包，逐個印色，黏上包山棚架上，過程非常艱辛。

我深信中國人定必戰勝疫情，我們必會到英雄城市 —— 武漢舉辦展覽。不出一年，信念成真。我將會在聖誕日在武漢通宵佈展，和武漢同胞一起跨年，為 2020 年畫上美麗的句號。

（原刊於 2020 年 12 月 24 日《頭條日報》）

武漢如何走出地獄？

今日武漢繁華璀璨，想找一個新冠肺炎病人都難！去年初從香港逆行回去指揮大局的武漢亞心總醫院董事長謝俊明打趣說：「為何武漢能在短短四個月內控制疫情呢？」

「有人以為，是因為中央政府夠專制，強迫封城、禁足、勤洗手和戴口罩等，市民不聽話的會又拉又鎖。但武漢有 1 000 萬人口，單憑鐵腕是做不到的。」謝認為，中國成功抗疫是因為政府夠果斷，得人民支持。在第一階段時，市民知道萬一感染，已沒有醫院可以收症，所以乖乖留在家中。中央亦馬上調動 4 萬個醫護來武漢，火速興建方艙醫院，提供 20 萬個牀位。無論輕重，應收盡收。初時，市民都不肯去方艙，但看到環境不錯，有Wi-Fi、有食物、有書看、有活動……產生信心，感到政府來救武漢，有了希望。

政府為切斷傳播鏈，在湖北實施交通管制，除了醫護之外，沒有人能夠進出，政府派專人送物資及食物，就算最窮的，都有簡單的食物。政府從全局考慮，衣食住行及醫療通通照顧到，獲市民支持配合。

「武漢上下一心抗疫，當時我們醫院被徵召接收新冠肺炎病人，發現不夠物資，只要上午十時說沒有雞蛋，下午便有市民免費送來 5 萬隻雞蛋，翌日送夠 20 萬隻，如果說沒有維生素，即刻有人送來蔬菜、西瓜和大米等等。」謝說。

香港又如何能遏止疫情呢？有份協助港府做檢測的謝說，關鍵在於切斷傳播鏈。透過全民檢測，找出隱形患者，哪管只是一兩個，都可衍生百個案。武漢走出地獄，抗疫成功，是很好的示範單位。可惜香港抗疫肥佬了。

（原刊於 2020 年 12 月 31 日《頭條日報》）

我怎能掉頭走呢？

武漢馬可孛羅酒店屹立於沿江大道，像上海外灘一樣是城市心臟，遠眺長江的壯麗景致，圍繞它是前租界的歷史建築。入夜後兩岸燈光璀璨，像置身月光寶盒中。但這一切隨着新冠肺炎突然爆發，1月23日武漢封城，全市一夜間變成死城。

說得一口流利英語的李榮輝，是馬可孛羅酒店總經理，留在武漢七年了。他憶述，封城後五天即1月28日，馬來西亞首相馬哈迪宣佈即將撤僑。他和太太收到領事館電話，打算隨2月3日乘包機返國。

「但望着酒店每位同事憂慮的眼神，我怎能一走了之？我決定留下來，和大家並肩作戰。那一刻心情很激動。」

2月的武漢籠罩在死亡陰霾下，確診和死亡數字如脫韁野馬，物資短缺，遊客撤走的撤走。馬來西亞領事館催促他，2月25日是第二次也是最後一次撤僑。「我告訴他們：上次不走，今次更不會走。」

當時，酒店負責接待由北京來的醫務團隊。由於他們要值班，酒店由供應一日三餐，改為一日五餐。李榮輝告訴同事，醫護團隊工作艱辛而危險，我們只能做的，是為他們準備佳餚美食，天天新款。為了保持酒店清潔衛生，同事24小時不停工作。

當武漢物資愈來愈吃緊之際，李在能力範圍內，毫不猶豫把部分食物捐給漢口醫院。「我不會只着眼於自身利益，而是放眼整個城市的福祉。如果你問我甚麼是五星級服務？我的答案是kindness（仁愛）。」

（原刊於 2021 年 1 月 6 日《頭條日報》）

港產武漢六壯士

今月是武漢封城一週年，回想疫情如巨浪淹至、封城令下，由駐武漢經貿辦六壯士照顧四千滯留港人，副主任鄺偉成 Kris 記憶刻骨銘心。

「1 月 23 日那一夜我睡不着，凌晨醒來，得知封城，馬上通知上司馮主任，再叫醒所有同事，要晨早七時返寫字樓開緊急會議和做好準備。」他度過一生最漫長的半小時，腦海閃過最壞情況，但他沒氣餒，想出解難的一切備案。

「我們通知政府總部和相關部門。」武漢交通切斷、店舖關門、物資短缺。加上春節回鄉探親，令居湖北港人由數百人驟升為 4 000 多人，責任千斤重。

他們把六人分成三組，包括 24 小時熱線，由駐武漢辦入境事務組同事守前線，聆聽港人需求，包括情緒疏導、醫療需要、物資供應……可稱為黃大仙組，物流組的 Douglas 負責輸送 BB 快斷糧的奶粉、緊急的如抗癌藥物及防護物資等，還有公關組 Calvin，發佈正確訊息及時刻闢除謠言。

4 000 港人中還有孕婦及 DSE 考生都急須回港。藥物會透過衞生署和醫管局去查明，有些是醫生處方、精神科或者抗癌藥物，要問准醫生又要查下藥物在內地是否註冊藥物，再透過港澳辦、中聯辦、兩地海關、工聯會和物流公司協助運來。小小一包藥，匯聚眾多人的努力，才運到病人手上。奶粉幸運找到社福機構捐贈，從香港送到武漢……

面對疫情的死亡陰影以及重重危機，Kris 想起一部電視劇 Dr X 名言：「我是不會失敗的。」精神力量支撐他和團隊渡過艱巨的封城一役。

（原刊於 2021 年 1 月 7 日《頭條日報》）

疫症兇猛，人間有情

　　一晃眼，武漢因疫情封城將近一週年了。負責照顧滯留武漢4 000港人的，是駐武漢經貿辦六壯士。回憶艱辛一役，六人都有難忘的故事。

　　副主任鄺偉成 Kris 說，駐武漢辦入境事務組率先開設一條24 小時熱線，既要疏導港人情緒，又要解決物資供應，再由物流組加速物資通關，和衛生署、醫管局、兩地海關、港澳辦、中聯辦、工聯會和物流公司等，運來奶粉、藥物和其他物資。

　　為防病毒擴散，所以整棟寫字樓關了水塔，在冰天雪地的冬天，竟然沒有暖氣！已經長期睡眠不足，再經常用冰凍水以消毒酒精洗手，洗到甩皮。但他們不敢病，多忙都在家勤做運動，保持最 fit 狀態。

　　封城初期物資一度短缺，六壯士手上的食物只能滿足基本需要，真是「三月不知肉味」。幸好鄺太早前探望，塞滿一雪櫃凍肉如沙甸魚、羊扒，Kris 毫不猶豫地分享給各同事，實行五餅二魚。試過有一次以急凍雞翼加蘿蔔來煮雞湯！

　　雖有衛健委通行證，辦事處一架車不能接送所有同事，Kris 會在零度寒風中步行來回兩小時返工。公關主任陳國俊出門上班也遇到不同的困難，但他仍堅持「我要返工！」，變成了《蠟筆小新》裏的「返工超人」。

　　Kris 說，艱苦中感到人間有情，上司馮主任小心翼翼用保鮮袋包着一小包米給他，他則投桃報李，把最後一條臘腸回贈，交換時大家都眼泛淚光。

　　危難之下全靠團隊士氣高昂支撐，感受到 I am not alone 的溫情，建立了更深的友誼。

（原刊於 2021 年 1 月 7 日《明報》）

是誰怕了國產疫苗？

你有否奇怪，國產疫苗包括國藥及科興，早被國家藥監局批准上市了，並獲取起碼 16 國包括阿聯酋、巴林、摩洛哥、巴基斯坦、土耳其、阿根廷、埃及、巴西、泰國、墨西哥、秘魯等疫苗合同，多國領袖如印尼總統佐科、土耳其總統埃爾多安等更帶頭接種。就連澳門行政長官賀一誠亦已接種國藥疫苗，2 月底可讓全澳接種，香港為何研了又研，接種無期？

年廿九，香港專家們確認「科興疫苗有效益且安全性高」，卻仍需科興提交更多數據，兩週後開會再算！你知否香港各行業奄奄一息？香港不只是疫症大流行，而是失業、貧窮大流行！香港醫學專家死抱歐盟或美國指引，不肯緊急使用國產疫苗，是否有人害怕一旦認可中國疫苗，下一步便是認可中國製西藥和中國醫師資格，威脅他們的利益？去年，中央派大軍助港做普及檢測，便有醫學界力阻他們做專業工作。

政府必須以「搶」的速度爭奪抗疫先機，專家之言，不要照單全收，因為專家都是持份者。政府應以作戰思維抗擊疫情，切勿過分樂觀。去年 12 月，林鄭高調宣佈跟歐美訂的疫苗，首批最快 1 月底到港，低估西方疫苗以國民為先，你死你賤。如今估計，復必泰疫苗最快 2 月底到港，3 月或有機會接種，但復必泰疫苗須以攝氏零下 75℃ 儲存，解凍後在 2℃ 至 8℃ 下可保存 5 天，使用前需要先稀釋再注射，工序繁複，不及科興疫苗只需放在普通冰箱，較易處理。

抗疫，時間就是一切，否則下一步不是疫苗研究，而是香港死因研究！

（原刊於 2021 年 2 月 16 日《明報》）

為何廣東能，香港不能？

　　看到核酸檢測站外打蛇餅，尤其是地盤和飲食業工友一臉焦急，渴望在預約爆滿下「攝」位檢測時，我不禁奇怪，為甚麼政府不加大測檢量？社交距離要求一米半，限聚令維持二人，地盤工被認定是高危羣組，卻迫使他們長時間聚在檢測站外，豈非自打嘴巴？為甚麼朝十晚八開放？工人上班，怎來排隊？為甚麼不效法廣東衛健委可以晚間和預約上門採樣，讓羣眾少聚集。

　　若說香港設立檢測站難，會難得過冰天雪地的黑龍江？兩週前，近 4 000 萬人口的黑龍江出現數十宗病例，當局如臨大敵，風雪交加下瞬間增加十個移動實驗室，把日檢測能力增至 400 萬管，四天內檢測了 400 萬人。

　　內地強調「應檢盡檢、願檢盡檢」，但香港長期檢測站不足，且收費貴。今天政府面臨檢測能力不足，大可效法內地，以十人一組混合樣本化驗，有懷疑個案才進一步檢測，把檢測能力加大十倍。

　　去年 9 月，當內地派大軍來協助香港檢測，政府輕輕放過清零機會，任由市民自由決定，如果當時像今天要求食肆、地盤、老師等上班族檢測，力推健康碼，沒陰性結果者不可上班，就不會僅百餘萬人檢測，香港有四百萬工作人口。只要當機立斷，香港或可以及早清零，像澳門和內地盡早通關，令乾塘的飲食、零售和旅遊業早點回魂。

　　回看科興疫苗突然迅速獲批，可見防疫措施許多時卡在僵化的思維上。如果對疫苗特事特辦，檢測為何不可？

（原刊於 2021 年 2 月 18 日《頭條日報》）

疫苗有幾多，民望有幾高

由復星醫藥 /BioNTech 與輝瑞合作研發的「復必泰」疫苗，昨天起預約接種。你知道它幾多錢一支？答案是「海鮮價」。去年 12 月 11 日，特首林鄭公佈成功向「復必泰」購入 750 萬劑疫苗，隻字不提貨款多少，而另外兩款疫苗的售價，同樣是天大秘密。

「復必泰」是世上第一個使用 mRNA 技術研發的疫苗，供應快速，價格波幅驚人。以色列不是大國，卻一馬當先獲供應，成為世上注射率第一的國家，因為出得起錢。2020 年 11 月，當輝瑞率先公佈新冠疫苗有效率達九成時，以色列一擲千金向輝瑞買疫苗，每劑價格為 23 歐羅（約合 215 港元），還願意共享包括新增確診數、重症病例數、死亡病例數和疫苗接種數，以及每個人的年齡、性別等資料等，為了早着先機，不惜一切。

以色列顯然買貴了。美國向輝瑞購買疫苗為每劑 19.5 美元（約合 152 港元），歐盟為每針支付 12 歐元（約合港幣 112 元）。如以歐盟價計，港府單向輝瑞訂購 750 萬劑，已動用 8 億 4 000 萬元。

香港顯然出不起以色列的天價，所以預訂的 100 萬劑，要六折送貨。相反，輝瑞私下承諾在 3 月底以前向以色列運送約 1 000 萬劑疫苗，以便 3 月底前足有 500 萬人接種，令涉嫌腐敗面臨被起訴的以色列總理內塔尼亞胡全國大選前，起死回生。

疫苗是民望，隨着開始接種疫苗，林鄭民望由谷底回升，前天由香港民意研究所公佈，市民對她的評分為 33.9 分，比上次升了 2.9 分，為前年反修例運動以來最高。可見疫苗不僅救市民的命，也在救特首的命。

（原刊於 2021 年 3 月 4 日《頭條日報》）

復必泰疫苗 —— 世上最大賭博

復星醫藥 /BioNTech 與輝瑞共同研發的「復必泰」，昨天開始接受登記，相信定必掀起一輪熱潮，你可知道輝瑞疫苗，是世上其中一宗最大的賭博？背後落重注的，是輝瑞 CEO 艾伯樂（Albert Bourla）。他是希臘籍猶太人，獸醫博士出身，他父母是納粹德國大屠殺的倖存者。劫後餘生的他，珍視生命的寶貴，去年 3 月初，才坐上 CEO 寶座一年多，便決定投入 20 億美元研發新冠疫苗，號令擁有 172 年歷史的全球藥業巨企爭先研發疫苗。

艾伯樂豪氣地說，只有輝瑞這種端到端級數的公司，才可由初期研發、製造到分銷，堅持到底。

艾伯樂出手不凡，為了搶時間，還未簽約，便和德國 BioNTech 公司共用數據，選擇了以前從未生產過獲批疫苗的 mRNA 技術。因為研究過不同方案之後，知道一旦成功了，即可擴大規模生產，火速供應。更可因應病毒不斷變種，靈活調整疫苗的基因配方。數週內可以完成以前數月才可完成的任務。艾伯樂第二大賭注是，他拒絕要政府的錢，有別於其他競爭對手，只為了能直接掌控，艾伯樂大刀闊斧，摒棄輝瑞的官僚程序，與時間競賽。輝瑞雖然起步要比勁敵 Moderna 晚得多，結果卻贏取世界第一。

為了確保疫苗送到各國，輝瑞監控所有物流箱的溫度。輝瑞宣佈預期產量將從 13 億劑增加到 20 億劑。

這一場賭博贏得漂亮，艾怕樂推高輝瑞年增長「至少 6%」。他個人收割了巨額獎金。就在輝瑞在去年底宣佈其疫苗的有效性超過 90% 當天，艾伯樂拋售 560 萬美元的股票，大賺一筆。可見他不僅是拯救世界的獸醫博士，更是目光如炬的生意人。

《原刊於 2021 年 3 月 4 日《明報》》

打針變成「劏豬櫈」！

最近，打針好定唔打針好？成為熱辣辣的城市話題。一連有好幾個接種完新冠疫苗後猝死個案，嚇得人心惶惶。

我想起一則叫人哭笑不得的真人真事。有位好朋友，在1992年前後，負責為三棟屋博物館找粵劇大老倌做口述歷史。他初時係威係勢，大老倌個個欣然受訪，他勢如破竹率先訪問了靚次伯，但不幸靚次伯在訪問後半年撒手人寰。第二位是鳳凰女，也不幸在訪問後三個月內，在家中突感呼吸困難猝死，享年僅67歲。第三位受訪的粵劇班主更在七天後，一命嗚呼！從此，粵劇界一聽到朋友來電，便如接到奪命凶鈴，嚇到電話筒都掉了。我朋友從此變成聞風喪膽的粵劇「劏豬櫈」，生人勿近！

我朋友解釋，受訪老倌大都是長者，屬高風險羣組，他驚聞死訊後非常難過，奈何一出事都算在他頭上，結果被迫轉行。

打疫苗一事，有點像粵劇「劏豬櫈」事件，叫政府陷於兩難，長者是疫症死亡率最高的羣組，生命十分脆弱，最應接種疫苗，但他們本身不少有長期病患，本身就是死亡率最高的組別，亦最易被扯上猝死和疫苗有因果關係的。

這反映的不只是疫苗的問題，而是香港醫療制度對於長者缺乏基礎保障。香港不似內地有全民醫保，為長者進行基本體檢，驗三高、糖尿病及血管疾病。許多老人家對於醫管局的「醫健通」都不甚了解。對於應該打，定唔應該打，十分茫然。

有些長者的身體是一個計時炸彈，打完針之後不幸爆炸，死亡未必和這支針有關，但和香港缺乏基本醫保，對於身體隱藏危機懵然不知，卻有莫大關係。

（原刊於 2021 年 3 月 12 日《明報》）

香港跑輸新加坡十條街！

疫情是測驗各國管治水平的嚴厲考卷。香港雖然庫房有錢，又有祖國撐腰，但在疫情泥沼中浮沉，在全國一直包尾，輸給澳台，和新加坡比更是輸足十條街！

新加坡疫情曾經比香港嚴重得多。外勞宿舍爆發，連續 4 天破千例，最高一天達 1 700 宗！570 萬人口的新加坡累計確診案例 6 萬多宗，是香港 6 倍，但獅城病故人數約 30，香港則有 205 宗病故，反過來是它的 6 倍多！新加坡沒有祖國支援，包括派大軍免費檢測，更不會幾天內飛來 100 萬劑科興疫苗。它是列強環伺的小國，在潦倒孤立中建國，因而鍛煉出一流治國人才。

新加坡是東南亞首個接種新冠疫苗的國家，去年 12 月 30 日開始打輝瑞疫苗，至 3 月 29 日，接種了第一針的逾 94 萬多人，完成兩針的為 37 萬多，每百人中接種了 23.1 劑，香港每百人僅接種了 7.1 劑。獅城成功，因為一早決心要搶購疫苗，成立 18 人疫苗專家小組，對 35 家藥廠作篩選。一旦疫苗列入清單，就會先付上期。萬一押錯注，前期付款付諸流水在所不惜，洽談過程對準藥廠話事人。例如針對莫德納創辦人蘭吉教授，便找他的徒弟 —— 新加坡籍學者，突破官僚程序，扑鎚一天就搞定。最終，新加坡選中輝瑞、莫德納及科興，慧眼識正貨。

新加坡善於化危為機，和全球生命科學巨企 Thermo Fisher Scientific 合作，斥資 1.3 億美元於明年在新加坡建立疫苗生產基地，看準了疫情帶來的龐大商機。

特首林鄭終醒覺到香港接種率差，會增加誘因，盼能急起直追，亡羊補牢，未為晚也！

（原刊於 2021 年 4 月 5 日《明報》）

第四章

當教育變成教辱

名校的「憂」等公民課

連日所見，不少學校已淪為反修例運動「收嚟」的地盤。校門前，列陣的是戴頭盔、黑口罩的學生在喊口號、派傳單，更有一間專產狀元的港島官校，門口站着這種模仿暴徒打扮的學生，校方不僅未有阻止，更聲稱在和平、安全、有秩序及融洽關愛的環境下⋯⋯容許學生會和舊生會在上課時間用禮堂辦「公民學習課」，但內容一面倒針對警察執法，並強調「學生的時代使命」！

舉例說，其中一節四講中兩講是「了解催淚彈可能造成的影響」（短片）及「過期催淚彈有害無害？」，卻隻字不提暴徒對社會的禍害！最後一節「學生的時代使命」，四講中有三講是「學生公民參與⋯⋯」、「社會運動⋯⋯」和「⋯⋯任重道遠」。

我單看題目，已感極端憂心。三個月來，暴徒暴力不斷升級，堵路、塗鴉、打人、襲警、縱火、欺凌、罔顧市民安危，刀刀插向經濟，把香港拖向毀滅的深淵，為何學生會和舊生會不探討暴亂和「攬炒」的禍害？只針對催淚彈的禍害？校方在當中有沒有角色？催淚彈是警察用來止暴制亂，如果市民和平示威，根本毋須用催淚彈。

公民課的「學生的時代使命」更叫我吃驚！中學生只有 12 至 18 歲，心智未成熟，易被煽動，犯下一生難以彌補的錯誤，為何要他們做政治炮灰？現在不斷上演的「時代使命」，便是戴頭盔和口罩的暴徒，在公然犯法，卻不想負責。粗言穢語、堵路、毀壞港鐵站、擲汽油彈、襲警。

各位，請高抬貴手，放過學生，不要推孩子進火坑。

（原刊於 2019 年 9 月 4 日《明報》）

林肯給兒子老師的信

　　兒子第一天上學，美國總統林肯向他的老師寫了一封信，紙短情長，道出教育的精神，傳誦百年。我試譯全信，字字珠璣，最切合此刻的香港家長及老師細讀。

　　「今天我孩子上學了，所有事物都是新奇有趣的。我知道你會溫柔待他。這是一段將帶領他跨越千山萬水的冒險歷程。當中會包括戰爭、悲劇和傷痛。他要活出充實的人生，便需要信念、愛和勇氣。

　　親愛的老師，請你拖着他的手教導他。只要有一個敵人，就有一個朋友。不是人人都公正和誠實的；只有一個無賴，就有一個英雄；只要有一個顛倒是非的政棍，就有一心一意的領袖。在學校裏，失敗比欺詐更讓人尊敬。教導他如何輸得高貴。真正成功了，便好好享受它。

　　教他溫柔待人，遠離嫉妒，教他偷笑的秘密、讀書的奇趣、給他時間去沉思天空中的飛鳥、太陽下的蜜蜂、青山上花朵的種種奧秘。教他相信自己，即使人人都說他錯了，嘗試給我兒子勇氣，不盲從羣眾，縱使人人都這樣做，教他聆聽每個人的話，然後以真理過濾，吸收剩下來的好東西。

　　教他永不出賣心靈，讓他有能勇敢，對自己抱有崇高的信念，因而對人類都會充滿信心。

　　希望你能盡力做到最好，他是那麼可愛的孩子，他就是我的兒子。」

　　今年 6 月，我到訪華盛頓林肯 1865 年遇刺的福特劇院，彷彿重看了個半世紀前林肯波瀾壯闊卻以悲劇告終的人生。作為一

個在政治惡浪中搏鬥的偉人，林肯對教育，對人生的智慧，值得我們深刻閱讀。

（原刊於 2019 年 12 月 17 日《頭條日報》）

勿再荼毒學生，我們受夠了

　　有小二常識科老師在網課，講及鴉片戰爭緣由時，竟稱「英國想以禁煙為理由，派兵攻打中國」，扭曲史實。其小學校長向家長發信致歉，信中只說該老師明白資料有誤，但校長沒有承諾徹查事件，或會否嚴懲該教師。而該老師至今未有道歉，仍然躲在學校的保護傘下。

　　「英國禁煙打中國」的言論，聞所未聞，令人震驚。近年，反中運動參與者為達目的，不擇手段、捩橫折曲、煽動仇恨……既有副校長咒罵「黑警死全家」，又有老師利用其崗位，操弄政治，把這種「媚外仇中」的思想灌輸入學生腦海中，猶如散播思想癌細胞，荼毒學生。若非網課，有片為證，外人沒可能窺見香港有多少這種歪曲事實的老師，天天向學生散播反中思想？沒有人天生是激進的，是有人不斷餵有毒思想給孩子，推他們落深淵。反修例運動近 8 000 人被捕，四成是學生，就是鐵證！

　　無論是大中小學管理層，不少對問題老師煽動反中、鼓吹仇恨、顛倒是非、歪曲事實的惡行，一直採取「綏靖政策」，縱容教師違反專業操守，以讓步來換取安寧，姑息養奸，任由學生受毒害。有偏激老師，鼓勵學生上前線做炮灰，卻不會動自己子女一條毛。

　　正如港大至今不敢動戴耀廷，又如在港台節目中發表「煽動仇恨言論」的教大講師蔡俊威，港台已被通訊事務管理局嚴重警告，而教大仍然未有處理，一於「你有你警告，佢當你唱歌」。因為反中勢力在教育界如一座大山，只有愚公才會移山，閃得就閃。

　　作為家長，對於毒害學生的老師，我們受夠了！

（原刊於 2020 年 5 月 1 日《明報》）

當「教育」變成「教辱」

香港教育已成為反中、崇洋崇日的重災區，不斷有歷史課本及 DSE 試題，為上世紀列強侵華史漂白。在今年 DSE 歷史科出現考題如下：「1900-1945 年間，日本為中國帶來的利多於弊。你是否同意此說？」此問，令人譁然，因為中學文憑試 DSE 歷史科的題目，不是經過多重審核的嗎？香港教育要爛到甚麼地步，才可令這等於鼓吹叛國的歪理，通過多重關卡，最後出現在 DSE 歷史科試卷上？

此問題似日本右翼或軍國主義者刪改教科書，把血淋淋的日本侵華史刪去，將逾千萬死於日軍屠刀下的中國亡魂抹殺，把謀財害命視作「弊」端，份量不及日本為中國帶來的「利」益呢！自稱為教育工作者，卻以日本極端民族主義為本位，接受殖民思想、反人道主義，可見反中者，為了去中國化，到了無所不用其極、泯滅良心、漠視史實的恐怖地步。如果此種滅絕人性的說法成立，那麼我可否問：「新冠肺炎對人口控制利多於弊……」、「SARS 對改善香港醫療利多於弊……」？上世紀中國被列強侵略及殘害的歷史，昭然若揭，1931 年九一八事變、1937 年七七盧溝橋事變、南京大屠殺、1941 至 1945 年日本佔領香港「三年零八個月」。侵略、屠殺、強姦、逼中國人做苦工和慰安婦、掠奪中國人的財產和土地，死者數以千萬計。你竟然問我，是否利多於弊？

「教育」已變成「教辱」，由本應培育學生明辨是非、鑒古知今，變成借教育散播歪理、扭曲歷史，把辱華歷史，一筆抹殺。

我的結論是：教育不改，香港無望！

(原刊於 2020 年 5 月 16 日《明報》)

學生犯法，誰人負責？

隨着反修例運動的犯法疑犯被告上庭，運動對社會深層次傷害陸續浮面。受害最深的是學生。本週二，14 人被控去年 8 月參與深水埗警署外暴動，10 人是學生，3 人無業，1 人是廚師，年齡由 14 至 28 歲。亦有小學教師楊博文襲警罪成，入小欖還柙。可見教育失守，有些學校變成罪惡的溫牀。

難忘去年訪問一班警嫂，她們含淚訴說，孩子在學校飽受欺凌。有老師在堂上公然咒罵：「黑警死全家！」孩子困惑地問：「為甚麼老師會詛咒自己？」有警察幼兒受不了壓力而尿牀。

不少學校瀰漫着反中仇警的氣氛；有校長被認為走得「不夠前」，被師生用粗口鬧爆；有學校社工故意戴黑口罩作政治表態；有警察的兒子不斷在學校被同學問：「你爹哋是否警察？」他毫不猶豫地說「不」，以謊言對抗荒謬。在學校手冊，警察子女不敢填家長職業，以免被針對。

有教師警嫂，一天駭然發現在 TG 網民，有人煽動去圍攻油塘警察宿舍，羣組的管理員，就是他的學生！她請求學生不要去，但學生推說，我不去，別人仍會去⋯⋯這位警嫂說，在學校九成的老師是黃絲，她被孤立及歧視。在班房，有許多同學肆無忌憚喊口號：「五大訴求，缺一不可！」或貼標語或寫在白板上。作為老師，她努力在虎口上拯救學生，不要誤墜暴動的陷阱，但有學生坦言，自己險些被捕，因此和家庭鬧翻，離家出走。

反修例運動至今，近 9 000 被捕人士中，近四成是學生，可見學生受毒害甚深。救學生，就是救家庭，救社會，刻不容緩！

（原刊於 2020 年 6 月 18 日《頭條日報》）

如何解開學校的死結？

學生在操場叫口號、在廁所塗鴉港獨標語、拉人鏈、戴豬嘴，甚至上街參與暴亂被捕……縱是傳統名校，都被政治巨浪衝擊，變成政治鬥爭的重災區。面對巨變，校長和老師該如何面對？

有人認為，治亂世用重典。但凡宣揚港獨，尤其搞手，應該嚴刑侍候，殺一儆百。但學校不是工廠，學生不是啤出來的模，不是按下掣，便修理好。自去年始，整個社會都受到政治氣氛的影響，連許多成人都變成政治狂熱分子，何況思想未成熟的學生？學生看連登多於看書，受網上偏激言論影響，變得躁動不安。其次，家長、舊生、政客、媒體……每每插手校園，把純潔的校園，攪成一淌渾水。第三，少年學生往往受同輩影響多於師長，不同學校的甚麼關注組，互有關連和激化，不想讓運動沉下去，也不想落後於人，令校園政治示威一波未平，一波又起。

老師如救火隊，在學校不同角落安撫學生情緒，這邊勸止學生不要叫囂，那邊不掛港獨旗幟，又要小心避免肢體動作，以免激化矛盾，引致受傷。

學生視學校如建制的一部分，如果強力鎮壓，必定心懷怨恨，貿然踢他們出校，看似乾手淨腳，實則會推學生上不歸路，愈走偏鋒，變成反社會分子，未來社會恐要付上沉重代價。

要解開港獨入侵校園，學生激進化的死結，需要耐心開導，把死結逐個解開。教育是細水長流的耕耘，而非立竿見影的快餐。教育的初心，是愛惜學生，必須令學生感受到愛與關懷，循循善誘，才有改變的希望。

（原刊於 2020 年 6 月 24 日《明報》）

要害多少學生才收手？

最近，有直資名校預告新學年高中必修的倫理與宗教科，加入為期四節的《國安法》課程。黃媒及以校友為名的關注組，聯手攻擊，質疑校方向政府獻媚，又說與課程原意背道而馳云云，如滔天巨浪撲向校方施壓。校方立場堅定回應：「一如既往，愛護學生，培養她們為尊重法治及守法的公民。」

將國安教育融入學校課程，是教育局已經公佈的政策，更認為此校是盡應有之責，要求其他學校跟隨。但關注組誓不罷休，指名道姓指責校長做法「嘔心」，更籌得二十萬元在黃媒登頭版，借意泵水給黃媒之餘，同時向校方發炮，充滿火藥味。但我登入關注組 FB，卻連一個人名或照片都找不到，恍如在暗算。

這種以舊生名義組成的「政治關注組」，憑甚麼干預校務呢？你既不是家長，更不是教職員，更沒有人核實你真正的身份。教育是專業，舊生有甚麼資格去插手？然而，成百上千的關注組近年，如魔爪伸向大中小學校，煽動莘莘學子，把違法行為英雄化，躲在暗處政治操弄，居心何在？可知道入世未深的學生，若受唆擺而犯法的話，一生前途盡毀，到時在幕後扯線的關注組，拍拍屁股一溜煙走了。

反修例運動至今萬人被捕，近四成是學生，反映教育是重災區。8 月底偷渡赴台卻被中國海警拘捕的 12 人中，5 人是學生，最年幼的只有 16 歲！9 月 7 日在大埔墟被捕的 11 人當中，就有 7 人是學生。反修例運動愈走入死胡同，愈多參加者是學生，因為他們思想未成熟，是最好用的爛頭卒。

良心何在，稚子何辜，你還要害多少學生才收手？

（原刊於 2020 年 9 月 17 日《頭條日報》）

失德教師，一個咁少？

失德教師除牌行動，在前特首梁振英鍥而不捨的施壓下，逼出了第一宗。反修例運動至今，萬名被捕者中四成是學生，過百名中小學教職員被捕！但至今只有一個教師被釘牌，對於撲滅校園失德大火，真是杯水車薪。

失德教師除了鼓吹港獨外，更挑撥仇警、欺凌警察子弟、煽動學生參與街頭暴力、對學生霸凌行為視而不見，有違師德，必須嚴懲。

在運動最「癲瘋」期，我訪問了十多位警嫂，聽她們哭訴兒女在學校遭受老師及同學集體欺凌，卻投訴無門。有當中學教師的警嫂，目睹其他教師煽動學生參與街頭暴力，任由學校成為仇警、暴徒訓練、粗口橫飛的集中營。

一位警嫂說，有老師故意當眾問同學：你們哪一個是警察子弟？有警察子女不虞有詐舉手，結果被老師責罵及被同學單打，被迫退學，亦有中學生精神受虐待而尿牀。

更有老師在課堂上公然咒罵：「黑警死全家！」其他多位同學肆無忌憚跟着喊，貼標語或寫在白板上，有學生在臉書中詛咒警察子女「藍絲讀唔成書」，並煽動同學「踢波時踢跛你隻腳！」，又大叫：「支持警察，吞槍自殺！」校方視若無睹，學校瀰漫着一片仇警氣氛。校長若走得不夠前，就會在網上被人粗口侍候。

更有無良教師煽動學生去衝。有一個內地來港的學生，因參與暴動而和母親鬧翻，離家出走。母親為此自殺！幸好搶救及時。警嫂教師又說，有一天她赫然發現網上有人發動去圍攻她的宿舍，其中一個就是她學生！這是教育界一頁黑暗的歷史，必須放在陽光下整治。失德教師，何止一個？

（原刊於 2020 年 10 月 7 日《明報》）

中大渣滓，良心何在？

1月1日，有八名黑衣人在中大保安站高呼「唔洗 show 證」，然後推倒鐵欄，並向保安潑粉末。事後一名20歲姓曹中大學生被捕。

此案不僅如一哥鄧炳強說：「達不到人類基本良知要求」，更達不到正常人的智力水平！這幫高學歷低智商的黑衣人，有預謀犯事。他們除了欺凌年紀像父輩一樣的保安外，做到甚麼建設性的事？大學為何要設欄查證？前年底發生了甚麼事？中大為何被謔稱暴大，令全校蒙羞？

他們不單無恥，而且愚蠢，以為蒙面便可一走了之。誰知只要一人被抓，全部人都逃不掉。但離晒大譜的，不只這八個小嘍囉，還有中大聯合書院學生會，它竟然為黑衣人撐腰，譴責校方報警。

中大設欄查證，是保障校內師生安全，事實證明早前畢業禮時，曾有非中大生潛入校內搗亂。所以校方有理，如果你不服中大處理，大可退學。

無恥的中大渣滓，還有一屁股都是控罪，正在保釋候審的林卓廷。他以中大校友身份大罵鄧炳強，指鄧沒有為被控用私刑對付老翁罪成的警察道歉。真是荒謬！警方已經拘捕涉事警員，令其受審獲法律制裁，這不就是警方最佳的回應嗎？為甚麼要道歉？林卓庭的惡行，罄竹難書，何曾道歉？

居心叵測的，還有訪問林卓廷的媒體，中大校友何其多，為何訪問一個涉嫌犯下多項重罪，道德有問題的林卓廷？作為社會公器，你良心何在？

香港沉淪，是全面的沉淪，包括有大學縱容壞學生、有學生愚蠢自大心腸壞，有政棍有居心無良心、媒體借公器煽風點火。人在做，天在看，中大渣滓，逃不掉法網的。

（原刊於 2021 年 1 月 14 日《頭條日報》）

暴大成魔，段爸出手吧！

　　警方再就本月大學站黑衣人向保安潑不明粉末，拘捕三名中大學生。為何連科大都對搞事學生會會長判罰停學令，但中大仍躲在軟弱無力的聲明背後，任由中大學生會發聲明力撐暴行？

　　回看前年 11 月，中大有學生涉嫌佔領校園，並向警方擲汽油彈。中大發聲明把有組織的恐怖襲擊，形容為「衝突」，甚至譴責「警方亦多次發射催淚彈及橡膠彈，導致校內多名員生受傷，大學深表遺憾及歉意。大學懇切呼籲……給予大學時間及空間，讓大學盡快恢復秩序及安寧……」事後段崇智校長親身到警署了解三名被捕學生情況，並「安排醫療及法律協助」。中大完全錯估事件，事後中大校園檢獲近 4 000 個汽油彈！警方若不及時還擊遏止暴力，讓中大關埋校門自己搞，後果不堪設想。

　　然而，中大校長們一次次對違法暴行採取曖昧姑息態度。本月中，中大哲學系一級榮譽畢業、3 年間取得 18 個獎學金的中大助教戴安（23 歲），因前年 6 月遊行後，在立法會外架起鐵馬，被判「非法集結」罪成，判入獄四個月。中大副校長吳基培撰寫求情信，盛讚戴為「優秀的學生領袖」，卻沒有對違法暴行堅決說不。他是愛還是害了學生？

　　再追溯 2016 年 6 月，中大學生等共 50 人包圍封鎖中大校董會會場，喊打喊殺，有一名保安被暴徒打到眼角受傷流血，送院縫了五針。時任校長沈祖堯只叫救護車不報警，事後不作追究，為今日的暴大埋下伏線。

　　面對瀰漫校園的毒害，段校長必須洗脫暴大和段爸惡名，學生禍福就在你手上，出手吧！

（原刊於 2021 年 1 月 27 日《明報》）

第五章

跳出香港

時代革命，光復美國

　　我起這條題，不是幸災樂禍，而是深深覺得美國暴亂有如一面鏡子，讓我們看到社會秩序的脆弱，暴力的可怕。

　　這宗美國白人警察不當使用武力，引致黑人死亡事件，如一支火柴燃點全國對種族歧視的憤怒。相比起太子站「八三一事件」，至今仍找不到一個有名有姓的死者，美國的衝突卻有完整視頻，千真萬確看見美國警察跪在黑人的頸上幾分鐘，懶理他瀕死呼救，最後暴斃。這則死亡直播，如藥引延燒全國，如火燒連環船，幾十個州發生暴亂，其中三個州進入緊急狀態，觸發政治危機。

　　烈火焚城，初看以為是敘利亞、伊拉克，卻原來是美國！那種震撼，一如去年香港被打砸燒至滿目瘡痍，怵目驚心。

　　有激進示威者搗毀商店、破壞公共設施、縱火、把紐約 Trump Tower 打得稀巴爛。三藩市唐人街有暴徒趁火打劫，藥房、手機店和金舖，玻璃櫥窗被打碎，財物遭搶掠一空。更有示威者在白宮門前，圍攻被視為特朗普喉舌的 Fox 新聞記者，企圖搶掠其攝影器材，Fox 記者說，這是他自「阿拉伯之春」顏色革命之後，最可怕的一幕。

　　美國的種族問題根深柢固，不會因為示威者盡情破壞，問題一夜之間消滅。任何人遇上不平等對待，可以示威和譴責，但不能訴諸暴力。暴力不能解決問題，只會製造問題。即使高舉人權自由，即使你有「N 大訴求」，也絕不能犯法。這是和魔鬼的交易，是通往地獄之門。

　　自覺被加害的弱勢，倒過來成為兇殘的施暴者，製造無辜受害者。無論我多麼同情黑人在美國受到的待遇，我都要譴責暴徒。這不是光復，而是把國家推向黑暗。

（原刊於 2020 年 6 月 2 日《頭條日報》）

民主烏托邦

一場針對白人警察向黑人壓頸而引發的騷亂,如同巨浪,席捲全國,也令自去年始的反送中運動,奉美國為民主自由典範的香港示威者,不得不深思,美國社會揭開了包裝紙,埋下滿滿的計時炸彈。

炸彈偏偏爆發在最不應爆發的時刻 —— 在美國借反送中運動大打香港牌,中美博弈打得如火如荼,在特朗普要競逐連任之際,卻因一個白人警察向黑人施暴,引起軒然大波!這種事不是第一次發生,為何會如此嚴重?

這是因為席捲全美達三個多月的新冠肺炎疫情,黑人是最大受害者之一。就以傷亡慘重的紐約州為例,黑人佔住院人數百分之三十三,但該州的黑人人口僅約百分之十八而已。又以路易斯安那州為例,死於新冠肺炎的七成是黑人!但黑人只佔該州人口的三分一。我難忘看過一個視頻,淚眼滿眶的黑人女士,一字一淚控訴染疫的年輕姐姐入醫院無門,直至瀕死一刻,才獲一張病牀,但一切已經太遲了。可見卡在社會最底層的黑人,獲得的醫療資源貧乏。疫情殺到,有的失去性命,保住性命的又失去飯碗,黑人滿腔怨憤,遇上白人警察涉嫌殺黑人事件,便如乾柴遇上烈火,一發不可收拾。

美國種族歧視,根深柢固,雖然高舉新聞自由,但今次暴亂中,竟有 CNN 的黑人記者在直播中被拘捕,真的只看顏色,不看對錯!

今次暴亂,不僅震撼美國,也衝擊香港一直以美國馬首是瞻的政客和反送中支持者。原來民主烏托邦,本身千瘡百孔。民主人權模範國,像一個民怨火藥庫。

(原刊於 2020 年 6 月 3 日《明報》)

為何香港沒有反種族示威？

　　黑人弗洛伊德之死，引爆全球示威浪潮，聲援美國的運動，如怒火蔓延各地，連美國盟友如英國、澳洲和加拿大都有大型示威，怒火燒至德國、法國，亞洲的韓國及日本東京……

　　唯獨以維護人權作號召，延續大半年的反送中運動發源地 —— 香港，卻水靜鵝飛，香港缺席本世紀最重要的維權示威，為甚麼？

　　說穿了，聲援黑人的全球反種族示威，是抗議美國政府蔑視黑人平權，有示威者怒而焚燒美國國旗！偏偏，美國政府是香港反送中運動的最有力支持者，同一面美國國旗在香港，代表人權自由的天堂。如今，人權天堂變人權地獄，你叫反送中運動的支持者，情何以堪？

　　弗洛伊德之死，徹底暴露了香港民主人權運動的雙重標準。口號喊得漂亮的反送中示威，是維護美國政府的利益？還是維護屬於普世價值的人權？

　　另一個更難堪的原因，是反送中運動一直鼓吹歧視內地人，煽動分化和仇恨。支援黑人的全球示威者相信：「黑人的命也是命」、「你的痛苦，是我的痛苦」，擁抱平權，反對歧視。香港的示威運動，剛剛相反，一直把暴徒的快感和英雄感，建築在受害者的痛苦之上，鼓吹仇恨。凡非我族類、持不同意見，便遭欺凌和虐打，歧視和分化。這種 hate crime 正是聲援平權的全球示威者所深惡痛絕的！

　　還記得運動期間，在機場有示威者禁錮和圍毆內地記者？在科大有內地同學被暗算？中環有說普通話的金融才俊被黑衣人拳

擊？至今，還有不歡迎內地人，只招呼香港人的「黃色經濟圈」。你可以想像，如果今天在美國，有餐廳表示不歡迎黑人的「白色經濟圈」，會遭到怎樣的後果？

（原刊於 2020 年 6 月 9 日《頭條日報》）

特朗普逼 TikTok 裸跑

美國政府封殺抖音 TikTok 的案例，令人發抖。

抖音 2016 年成立，國際版 TikTok 短短四年間躍升為全球最受歡迎社交應用程式，比騰訊、阿里巴巴更快在中國境外搶佔市場第一。TikTok 下載量在美、日、泰、印尼、德和俄等地多次登上 App Store、Google Play 首位。八成五用戶在 24 歲以下，總下載次數突破 20 億次。

對於一向在網上呼風喚雨，以軟實力塑造全球意識型態的美國，TikTok 異軍突起，敲響警鐘，難逃被封殺命運，特朗普頒下死線，TikTok 須在限期前出售給美國勁敵 —— 臉書或微軟等。

但凡威脅美國的跨國巨頭，美國必以非經濟手段摧毀之，先是中興、華為，現在輪到 TikTok。特朗普口出狂言，要 TikTok 把出售所得交給美國國庫，逼它「裸跑」！款項雖巨，但對美國國庫不過九牛一毛矣，重點在於侮辱中國；在於選戰，在於報復早前特朗普的造勢大會，因 TikTok 短片提議杯葛而落得場面冷清。

令我想起《美國陷阱》一書，作者皮耶魯齊是法國阿爾斯通集團高層，他在 2013 年被美國司法部指控涉商業賄賂，身陷牢獄，作為全球電力能源與軌道交通行業的巨頭，「阿爾斯通集團」被罰逾 7 億 7 000 萬美元，其電力業務被逼售予勁敵 —— 美國通用電氣公司，最後慘遭瓦解。

字節跳動創始人張一鳴以〈不要在意短期損譽，耐心做好正確的事〉為題，向員工說字節跳動是「全球公司」，要有「火星視角」，他將把公司總部遷去倫敦，不退反進，顯出大將之風。反觀美國，這邊反對中國頒佈《港區國安法》，那邊又以國家安全封殺 TikTok，雙重標準，令人不寒而慄。

（原刊於 2020 年 8 月 6 日《頭條日報》）

泰國接力，香港啾啾！

看見成千上萬的泰國青年上街，高舉雨傘對抗警察，還暴力襲警，呼籲「結束獨裁！」我不禁暗嘆十足香港！再多看幾眼，包括有師奶為保護學生，跪拜警察切勿進攻，學生舉手豎起幾隻手指，要求自由民主改革，訴求缺一不可。最神似是這邊廂廿四歲香港黃之鋒西裝筆挺和美國高官會面，那邊廂泰國學生領袖巴利則與美國駐泰國領事會面，背後是飄揚的美國國旗。

臉上有些少嬰兒肥，並公開是男同性戀者的另一位泰國學生領袖塔帖說：他是受黃之鋒啟發。要超越紅線，更要打「房中的大象」——在香港是北京政權，在泰國則是神聖不可侵犯的王室，但港、泰之間的真正紅線，可能是在幕後撐腰的美國，透過各種名義真金白銀資助。

我想討論的，不是泰國是否貧富懸殊、權力是否過分集中、王室是否要改革，因為泰國社會一定充滿數之不盡根深柢固的問題，正如香港一樣充滿深層次矛盾，民怨沸騰。我們要反問的，是否一次又一次，我們要毫不猶豫地相信一班入世未深兼背後水喉不明的學生，以暴力抗爭的手段推倒一切，就一定是對的，學生是否一定是自發、純潔、偉大、策略正確，一個靠大聲喊「民主自由」的藥方，就能治社會百病？照搬西方民主選舉模式，便能解決貪污和獨裁問題？你看韓國、日本、印度就知道答案。

由 1989 年「六四」，到反修例運動，到今次泰國抗爭運動，每次都有美國力撐，每次學運都是波瀾壯闊，激動人心。美國真的太懶惰了。30 年不變的劇本和角色，是時候洗個臉，甦醒了。

（原刊於 2020 年 10 月 19 日《明報》）

希望寄託拜登，錯了

號稱第一民主大國的美國，上演了一套反民主的驚天悲鬧劇 —— 總統特朗普不承認選舉結果，煽動民眾聚集在華盛頓國會山莊，其後民眾暴力衝擊國會、毀爛記者拍攝器材、便衣警察槍殺女示威者、警察在鎮壓暴亂時殉職……

全世界把矛頭指向特朗普，於是有香港人天真地相信隨着壞蛋特朗普落台、君子拜登上台，便從此天下太平，忘記了是甚麼土壤令 7 000 萬選民至今仍死忠於特朗普，是甚麼國策促使美國在香港一直攪局，七年前佔中不是奧巴馬和拜登掌權嗎？若以為拜登上台一天光晒，大錯特錯。

譴責暴徒衝擊美國國會的拜登，去年 3 月在《外交事務》（*Foreign Affairs*）雜誌發表的〈為甚麼美國要再次領導世界〉（Why America Must Lead Again）中，大讚衝擊香港立法會的人為英雄：「由香港到蘇丹、由智利到黎巴嫩，提醒我們人民普遍對良政及反貪的渴望。對貪污的厭惡……極權領袖在世界各地強力鎮壓民主。他們仰視美國為帶領自由世界的領袖……」配圖是黎巴嫩街頭一個紅衣示威者，在警察面前疑似擲石，明顯把反政府暴亂英雄化。

拜登發表的全國演講中，呼籲選民克制，對手不是敵人，大家要文明，切勿陷入分裂。但為甚麼當香港示威者使用暴力，社會撕裂，卻大讚特讚呢？因為香港人不是自己人，是美國打擊中國的磚頭！不信？且看下文。

拜登說，要在全球經濟領先，打敗中國，不能再在高鐵、5G、 AI 等輸給中國。因為中國繼續資助國企令其擁有不公平優

勢，以便掌控未來的科技及工業；美國要繼續批評中國的人權問題；美國佔全球四分一的 GDP，如果結合盟國力量，力量會加倍。

經濟安全就是國家安全，必須由美國而非中國領導全球。

他預言：「中國將延展它對全球的影響力，推廣它的政治模式……美國必須對中國硬起來……如果中國崛起，它會繼續盜竊美國的科技和知識產權。美國必須與盟友圍堵中國……需要的時候要使用武力。」拜登以美國為唯一良治的標準，中國則代表貪污、極權和偷竊美國經濟成果的賊。

他罵中國搶去美國人的科技，和特朗普罵拜登偷去他總統寶座有何分別？香港人要醒了，在美國人眼中，香港社會撕裂、亂擲汽油彈，美國人拍爛手掌，因為你送給美國打擊中國的彈藥，拜登要踩在中國這塊台階上，重登世界領袖的寶座，必須要矮化中國。「領導全球」這四個字，注定了中美繼續角力，香港繼續成為磨心。港人看美國總統，必須要放在世界大局和中美角力中看，井底之蛙結果會死在井底！

（原刊於 2021 年 1 月 11 日《明報》）

陸港猶如龜兔賽跑

在內地生活兩個月後，返回老家香港，我像從一個先進的地方回到落後的地方！我知這句話會得罪很多人，但這是我真切的感受。

先講移動支付，方便極了。我到千年古鎮——烏鎮，連賣燒餅的婆婆也叫我用 QR code 點菜和埋單。在內地，我不用帶重甸甸的銀包，由搭車、訂高鐵、買戲票、在餐廳點菜和埋單……一部手機搞掂，毋須排隊、找贖、等侍應招呼，省時省力，支出一目了然。大家不用現金，連店舖也難以逃稅，因為一切交易記錄在案。

再講網購，在香港往往要花上一兩個星期，但在內地一兩天即達，美團外賣平靚正。即使隔離 14 天，依然可以透過淘寶買到生活用品。

三講治安，你可能批評內地沒有私隱，但我行得正企得正不怕 CCTV，反而覺得罪犯難逃天羅地網，作為良民有無比的安全感。因為內地的手電都是實名登記，無論監控罪案，以至到抗擊疫情，生命財產有保障。即使我獨自黑夜在小巷走過，百分百感到安全，因為想犯罪也插翼難飛。大家又不用現金，無錢可搶。

四講市容，我由上海、杭州、武漢到最後一站珠海，街道都非常整潔，想找一張廢紙、一支煙頭都難。上海和杭州的交通燈，用上先進的顏色 LED，既可防止掛住碌手機的人看不見交通燈，又極為漂亮。武漢在長江兩岸，每晚在摩天大廈上演燈光 show，壯麗的屏幕，播放虛擬煙花或動畫，比香港的煙花幻彩詠香江，先進十年。在烏鎮，大街小巷光潔得一塵不染。古宅和小

橋都鑲嵌了燈飾，入夜後璀璨的燈火映照在水上，令人驚艷。

最後講珠海，新式住宅基本裝備是指紋密碼鎖、智能防盜眼、電動廚餘機、主人房智能馬桶⋯⋯但千呎單位的售價只及香港一個車位而已，管理費月付三四百元，只是香港一成。

香港為何在科技應用上，比內地落後這麼多？是我們故步自封、不思進取？如果我們還以為內地比香港落後，只是自欺欺人，像龜兔賽跑的寓言。錯過了未來發展事業、旅遊及安居的好機會。

（原刊於 2021 年 1 月 12 日《頭條日報》）

是誰毀了昂山素姬？

西方社會一手捧起昂山素姬，奉為民主女神。當發生了羅興亞人事件，她失去政治光環，便把她拉下神壇，大力撻伐。BBC大字標題：「昂山素姬：從『人權鬥士』到『種族屠殺』辯護者」，把她畢生推動民主運動的努力，化為烏有。

緬甸軍方看準昂山素姬失寵，加上歐美受疫情肆虐自顧不下，於是策動政變把她軟禁。西方對於失去利用價值的民主偶像，反應冰冷。

其實，羅興亞人是英殖政府遺下的政治炸彈，當年從鄰國孟加拉引入緬甸若開邦，當廉價勞工。後來，羅興亞人被英國人武裝起來攻打日軍，但因本身是回教徒，於是掉轉槍頭屠殺當地逾十萬佛教徒，種下血海深仇。

昂山素姬像踩鋼線一樣，小心平衡軍方勢力和緬甸民意，令其民主自由改革在狹縫中生存。但羅興亞人大搞分離主義，和緬甸軍方和人民對敵。2017年，羅興亞人組織恐怖分子襲擊緬甸軍隊，引發政府鎮壓，傷及無辜，觸發羅興亞人大逃亡，被西方指為人道主義大災難。但昂山素姬站在民意一方，失卻平衡，從天秤墜下來，形象破裂，粉身碎骨。

昂山素姬在羅興亞問題上進退維谷，令她為緬甸爭取自由的大半生努力，一鋪清袋。她為政治犧牲的，不僅是軟禁多年失去自由，還有大好家庭。丈夫臨終，她也不敢見他最後一面，恐怕從此不能回國，結果惹來兒子終生怨恨，家破人亡。

西方對緬甸感興趣的，不是民主自由，而是緬甸天然資源和戰略性位置。緬甸東北靠中國，東南接泰越、西北鄰印孟，又有

石油和玉石等天然資源。難道昂山素姬不知道？

　　我看不過眼英國人的偽善，英國侵略緬甸令其亡國。昂山素姬之父昂山將軍向英國爭取獨立之際，遭逢暗殺。英國人把一手造成的羅興亞人問題，扔給緬甸，然後又站在道德高地向昂山素姬人格謀殺。一筆國仇家恨，昂山素姬卻將亡國亡家的西方宿敵視為政治盟友，最後眼巴巴看着「盟友」一手毀了自己。

　　　　　　　　　　　（原刊於 2021 年 2 月 11 日《頭條日報》）

有一種特權，叫美國

執筆時，全城譁然的，恐怕是兩名住在帝景園的美國領事館職員，前夜封區強檢時，被檢測出對病毒呈陽性反應。據悉，兩人以外交豁免權為由，拒配合隔離安排。美領館網頁證實消息，說：「該兩名職員毋須跟公眾接觸⋯⋯已關閉並徹底清潔，追蹤工作已完成。」

難道美領館是國中之國，法外之地？但凡和公共衛生有關事宜，外交豁免權應該無效。如你是帝景園居民，身邊住了兩名確診者而不隔離不送院，自由出入，豈不是有如埋伏一個炸彈嗎？兩人仍自由遊走社區，令社會有隱患，大家心裏是否不服，全城都活在防疫金鋼罩之內，為甚麼獨美領館會有特權，懶理港人的安全和法規？

陳肇始局長間接承認十分棘手，奈美領館不何。她說：「當局已與美國領事館聯絡上，衛生署正跟進，會盡快把初步確診者隔離。」以我理解，確診個案應馬上送院診治，而非隔離。再說，追蹤密切接觸者之責在港府，為何美領館越俎代庖？一錘定音宣佈追蹤工作完成，並自行決定確診職員 —— 因毋須跟公眾接觸，所以不必隔離。

顯然，這兩位美領館職員一定是「碰不得」，港府不要妄想接觸他們，從他們口中，知道和甚麼人往來，從而追蹤密切接觸者。究竟是他們權大，還是有甚麼天大秘密不可洩露？

美國強大，連中國官員和香港特首都可以經濟制裁，和中國大玩貿易戰，更遑論對你這小小香港，收起兩個美領館確診職員。香港一直活在中美角力的漩渦之中，今次不例外。

（原刊於 2021 年 3 月 16 日《頭條日報》）

誰向誰施下馬威？

被老布殊總統暱稱「老虎楊」的楊潔篪，在中美高層戰略性對話中，連珠炮發，震撼全球。奇怪的是，打開門時中美火併，關埋門卻順利地完成一連兩日的會談。

中方早知美方來者不善，所以有所準備。布林肯外訪首站是日本，其次是韓國，均禮節拜會元首，卻偏不入中國，寧願去零下 18 度的阿拉斯加，不安排晚宴，不設聯合公報，更惡狠狠地在會談前再次對華制裁！戰火已經點燃，等着楊潔篪和王毅來烤！

當了 12 年駐美大使的楊潔篪，怎會不知道美國設下「梅花椿」，必使出新疆、香港和台灣這三張王牌，他該怎樣接招？如果失手，恐怕飛不回北京見江東父老。

其實，叫美國不要干涉中國內政，先管好自己是中國外交部的舊調。楊潔篪最叫人震撼的不是內容，而是詞鋒和姿態，他最大突破點在於說出中國共產黨執政受到人民肯定，為中美關係劃下紅線。中美之爭，人權只是面牌，底牌是意識形態和利益之爭，是西方資本主義和中國特色社會主義之爭。楊潔篪把話說白了，有助拜登借力，說服國民必要調整中美關係策略。拜登目前最急是抗疫，跟着要面對明年 11 月國會中期選舉，必須儲蓄政治能量，才能坐穩江山。

楊潔篪傾力演出的舌劍唇槍，只是一場戲，如果中國不想和美國談判，就不會飛來冰天雪地的阿拉斯加，美國若不想走出特朗普的中美殘局，就不會主動邀請中國來會談，大家不過是玩鋤大 D，鬥施下馬威。

外交由國家實力和利益主導。楊潔篪究竟扮老虎、扮戰狼，還是做會唱評彈和寫書法的謙謙君子，一切看劇情需要。

（原刊於 2021 年 3 月 23 日《頭條日報》）

第六章

甜中一點苦

嗨，我今年五十三歲！

今天，是我 53 歲生日。

53 不是 23。作為一個女人，這真是一個可怕的數字，從前在雜誌社工作，編輯為了貶低捉弄一個女明星，最簡單殘忍的刑罰，就是把她的年齡「獻世」。在女兒為我編寫的《維基百科》條目中，就有好事之徒，偷偷在我的姓名旁邊加上年齡。我不是明星，尚且遭此極刑，稍具名氣的熟女，遭遇可想而知。

年齡是女人的原罪，哪管你美貌如花，保養得宜，一過 18、22 的花樣年華，就變 18 加 22 的爛茶渣，一句「40 歲的ＸＸ」，叫你百詞莫辯！

以香港女性平均壽命 90 歲計，除廿幾歲時還可招搖過市，販賣青春外，人到 30，便墮入「熟女」的 River of No Return。年齡變成女人的忌諱。我有次見到報紙大字標題寫着：「半百老婦……」當堂眼火爆，幾乎要寫信到報館投訴，後來恐怕暴露身份，只好作罷。

一講到年齡，女人都變成蠢貨、待宰的羔羊，有護膚品自稱是「年齡的擦紙膠」、「BB Cream」，有美容療程聲稱是「童顏術」和「逆齡術」，又稱中女為「美魔女」。偏偏女人都甘心受騙。最聰明的女人，以為「千金散盡，青春還復來」，結果是，「抽刀斷刀水更流」。

年齡不是女人的恥辱，是女人的光榮。

年齡歧視，是社會偏見加諸於女人頭上的金剛罩，是封建意識的「馴悍記」。女人老了，當然不及年輕貌美的少女漂亮，但成熟女人的智慧、對人情世故的體會，用血淚換來的人生歷練，

豈是少女所及？

　　我想起李商隱的《錦瑟》：「錦瑟無端五十弦，一弦一柱思華年。」日月如歌，我無愧於生命。今天，我會快樂地告訴你：嗨，我今年 53 歲！

（原刊於 2016 年 5 月 12 日《頭條日報》）

媽媽

91 歲的媽媽，年輕時因爸爸失業，獨自挑起一家九口的生活重擔。曾因有半天沒工開，焦急趕去另一間工廠當替工而被汽車輾過。死裏逃生後一腳微跛，那年我六歲。我永遠難忘媽媽的堅毅和勤勞，出院後在家裏穿膠花，以我的肩膀當拐杖重新學走路。稍為康復便一星期七天，朝八晚十一地搏命賺錢養家。

爸爸深愛媽媽，去世前常常輕撫媽媽的手，在耳畔溫柔說話。癌魔入侵，60 年堅如磐石的婚姻，都應聲而碎。即使爸爸抵受任何痛苦，試盡一切可以延壽之法，始終無法抵擋大自然的力量。他彌留之際，任憑我們怎樣呼喊，都沒反應，直至媽媽來到，爸爸用最後一口氣，提起眼皮，看最後一眼此生最愛。堅強的媽媽終於崩潰，含淚說：「阿潘，你從來不會離開過我的⋯」我看過所有俊男美女的愛情故事，都不及自己年邁雙親的愛情那麼動人。

我在爸爸耳邊許諾：「我一定會盡力照顧好媽媽，你放心走吧。」

不知是上天恩典，還是戲弄。爸爸走後，媽媽的腦退化症加劇，漸漸忘卻失去爸爸的傷痛，亦常常叫錯我們的名字。直至最近，問起媽媽生日，最想誰幫她慶祝，媽媽重拾記憶說：「最想阿潘同我慶祝囉！」我和妹妹沉默無語。

媽媽踏入九旬之齡，入院愈來愈頻密，我感恩上天讓她依然愛笑，笑得像小孩那麼純粹。我會好好掌握每一天，愛護媽媽，因為爸爸就活在我心裏。

（原刊於 2018 年 6 月 28 日《明報》）

給潘麗瓊的信

嗨，今天是你的生日，就讓我揭開你不為人知的一面吧！

你的朋友，可能無法想像七歲前的你，自卑而膽小。家窮，五歲才讀幼稚園，險些考不上小一，只能躋身黃大仙官立小學最差的 1D 班。你穿着殘舊發黃的校服，腳踏灰黑兼穿窿的白飯魚，早晨排隊抬不起頭。同學聽見小息鐘聲，興奮若狂，衝去操場跳橡筋繩和買零食，你卻最怕小息。因你沒錢買吃的，沒朋友，也不懂跳橡筋繩。你呆站在排隊的柱前，盼望小息快些過……你害怕上體育堂跳跨欄，站在木樽面前，不敢跨步，如笨豬，聽見同學的訕笑和老師的嘆氣，真想鑽進地洞去。

17 歲，學懂克服自卑和害羞了，學懂做更好的自己，就要努力爭取，不怕失敗。上天見憐，中學會考凱旋而歸，嘗到入讀名校的滋味。但愈攀上人生的階梯，困難愈多。27 歲，你當上記者，成為人生的轉捩點，上至總統、諾貝爾得獎人、體操王子、明星、殺人犯、雛妓……都成為你筆下的人物。社會風雲變色，爾虞我詐，英雄見慣亦常人，你甚麼都不怕了，膽子愈來愈大。37 歲，你生下一女，懷着另一女。母親的角色，令你的世界不再以自己為中心。47 歲，你孤注一擲，下海做生意去。從商，是對一個人的心理質素、能力、毅力和魄力最大的考驗。你由最初內心波濤洶湧，變成處變不驚。披荊斬棘，是生活的一部分。

今天，你 57 歲，是回饋社會，貢獻自己的時候。雲淡風輕，江湖多少事，俱付笑談中。

（原刊於 2020 年 5 月 13 日《明報》）

世上最殘忍的疾病

如果問，世上最殘忍的疾病是甚麼，你的答案會是甚麼？癌症？

癌症確是令人聞風喪膽。它會剎那間進駐你的身體，像野火般蔓延，身體就是戰場。無論化療、手術、電療⋯⋯都是內戰，玉石俱焚的「攬炒」，才殲滅了這邊的癌細胞，才赫然發現它已移形換影，鬼祟地流竄到另一邊器官作惡，殺之不盡，像恐怖分子打游擊，防不勝防。見到好朋友被癌症摧殘，一夜老了十年，朝如青絲暮成雪，就是癌症！我陪過家姑和爸爸為治癌進出醫院，目擊和死神搏鬥的可怕，最後，我們輸了，但老人永不放棄，捍衛了人的尊嚴。在爸爸臨終前，他仍是清醒的，我還可在他耳畔說，我是多麼愛他，承諾他好好照顧家人。

相比之下，腦退化症更加殘忍。這是一場漫長的告別，慘烈的拔河，我們要在腦退化症的虎口中，用盡一切辦法，喚起至親殘留的記憶。腦退化症是無恥的小偷，連世上最聰明的人像高錕都被頑疾光顧。我訪問高錕時，只見他努力在腦袋中找尋字句，但吐出的話，卻像一串斷裂的珍珠。如今，我媽媽也被腦退化症折騰。縱有千言萬語，卻禁錮在病軀內，無法衝破。愛笑的媽不再笑，愛吃的她只能吃奶；活潑熱情的她，如今像一道冰冷的牆，無法穿越。媽媽像一間空屋，主人悄悄走了，只留下一點生命的痕跡。

每次看她，要感恩她還剩下多少記憶的碎片，我們像抽獎般祈求她會否在朦朧中認得我。如果她忽然對我一笑，我就會像中六合彩一樣，樂不可支。

世上最殘忍的疾病是甚麼？癌症是其一，腦退化症是其二。它們都讓我雙親受苦了。

(原刊於 2020 年 6 月 11 日《頭條日報》)

為香港寫的情書

帶着 40 件微型藝術作品，千辛萬苦來到上海展覽。記者們好奇問，你想藉此表達甚麼呢？

我想說，香港的形象在過去一年內，由天堂跌進地獄。我們由文明變成野蠻，由守法變成違法，由和平變成暴力。就連抗疫這一仗，我們在全國跑包尾，疫情反覆，在隧道中看不到一線曙光。上海生活基本上已回復正常了，就算在小區爆發了零星幾單確診個案，但很快便遏止下去。

相反，香港第四波疫情爆發，令香港人活在惶恐之中，經濟復蘇無期。我感覺上海整個城市充滿朝氣和希望，和香港愈來愈低沉有很大的分別，在上海同胞面前，我有點抬不起頭。

然而，我深愛着香港。嘔心瀝血的微型藝術作品，全是我們為香港寫的情書，表現香港最美麗的一面，把她的歷史、建築、美食、電影、文化，用最精緻活潑的方式表現出來。微型藝術以小寫大，非常適合香港這個寸金尺土的地方，我們以靈活多變的方式來創作藝術，由廢物利用到高科技的 3D 打印。這是香港的軟實力，是我們向各地朋友伸出的友誼之手。

正是這種深刻的感受，推動我永不放棄地向前行，希望大家重新認識香港美好的一面。

（原刊於 2020 年 11 月 28 日《明報》）

死神的警告信

　　我以為自己是鐵人，天不怕、地不怕，沒有困難難到我。當上海展覽沒有藝術家同行，我願意頂上他們全部角色。上海的香港微型藝術展覽太重要了，經一年黑暴和疫情摧殘，香港在全國臭名遠播，今次是擦亮香港形象，向國民伸出友誼之手的難得機會，我全力以赴。準備大半年，不惜工本造新作品，強化舊模型。特製保護藝術品的航空箱，僱用國際藝術品運輸公司，聘請內地經驗豐富的團隊，幫忙佈展及撤展。

　　一切都籌備圓滿，發夢都沒想到，最大麻煩竟然在我身上！我忙了一天的導賞和工作坊，離開時，膝蓋一軟，跌倒馬路上。原來我脆弱如豆腐，不堪一擊。

　　那一刻，我身體發冷，世界逐漸遠離我，恍如死神敲了一下，撇下一封警告信！

　　當晚深宵，我半夜扎醒，一把嚴厲的聲音在耳畔響起：「你不是答應過臨終的爸爸，會好好照顧老媽和家人嗎？你卻不自量力，以為自己是鐵打的。萬一你猝死在馬路上，你怎對得住爸爸？你留下這麼多未完的工作，叫誰幫你執手尾？還有丈夫和女兒，有沒有想過他們？你死了，會留下一個黑洞，叫誰去填補呢？你以為自己是青春少艾？」

　　我想爭辯說不。正因為知道歲月不饒人，更加想趁還有一口氣時，追尋夢想……不禁眼淚流了一臉。

　　聲音再響起：「你以為你是誰？你不過是狂風中一粒微塵，隨時消失。拜託收起你的任性吧，不要為身邊人帶來麻煩。」

　　我比誰更清楚知道生命有限，只是希望餘生做好。死神的警

告信我會貼在額頭，告誡自己要保護身體，因為健康才是奮鬥的本錢。

今年聖誕前夕，我們來到武漢，通宵把香港微型藝術包裝成一份亮麗獨特的聖誕禮物，送給武漢！

（原刊於 2020 年 12 月 10 日《頭條日報》）

微型藝術就是「愛」

　　為了巡迴展覽微型藝術，我留在內地近兩月了。自從上海馬路跌一跤，腿傷令我必須借助輪椅和拐杖才能繼續杭州和武漢行程，但小小傷痛不影響我的心情。

　　反而，長途跋涉把 40 件精細而脆弱的藝術作品，流轉於三大城市，才是浩大費神的工程。首要在出發前絞盡腦汁把作品固定好，再度身訂做堅固航空箱，然後僱用藝術品運輸公司，到埗後趕在商場打烊後通宵佈展。

　　微型藝術品材料幼若髮絲、細若毫子。舟車勞頓後必有損傷，我們必須在一夜之間女媧補天，保證翌日開幕典禮上，作品以最佳姿態示人。我在內地聘請富經驗的模型公司七人團隊，包括電工和木工，即場把作品修補好。

　　縱使不眠不休，但一切辛苦都是值得的，從三地同胞的眼神、讚賞聲和不停舉機拍攝中，我感受到他們和作品之間通電。展箱上常留下觀眾情不自禁的唇印和指模。

　　大前晚在武漢，一個小哥哥為了讓妹妹看到西貢海鮮檔上的七彩海魚，努力抱起妹妹，然後滿面通紅地問妹妹：「你究竟幾多斤重呀？」笑翻了我。

　　工作坊中，我教做雪糕紅豆冰，令大小朋友開心滿瀉，熱烈為我鼓掌，又買飲料給我，可見微型藝術從作者傾注的心血，到觀眾的熱情，主題永遠是「愛」。

（原刊於 2020 年 12 月 30 日《明報》）

世上最愛我的人

　　工作忙得七孔冒煙的時候，老公忽然來電：「Carmen，我講幾句阻着你嗎？」他語調如常地溫柔。但我上氣唔接下氣地說：「阻㗎，你快啲講喇，我被許多人追殺緊。」怎料老公以下的話完全把我嚇了一跳……

　　「我做完身體檢查，體檢中心好緊張地叫我馬上回去看報告，原來我有心房顫動的問題。體檢醫生說，心房顫動可大可小，有中風的危險，建議我盡快去看心臟科醫生。」

　　我的心如沉重的鉛往下墜，也為自己的態度感到慚愧。老公是世上最愛我的人，所以也是最好欺負的，甚麼人我都可以和顏悅色，甚麼壓力都可以四兩撥千斤，唯獨老公是我唯一可以轉嫁壓力的人！如今我生命中最強後盾的老公，生命也是脆弱的，可能失去他的恐怖念頭，在我腦裏湧現！

　　我馬上道歉，並發動我的小宇宙，為他約了翌日早上見我信賴的心臟科馮永康醫生，他也是我英皇書院的師弟。擺在老公面前有兩個選擇，一是終生吃薄血丸，一是做導管消融手術，找出影響心臟不正常地跳動的部分，消融這些壞細胞。它是微創手術，不用開胸，手術後翌日一早出院，可永久擺脫藥物的依賴，成功率達八至九成。心臟病是家族遺傳的，家公就是因為心臟病英年猝逝。雖然老公有點遲疑，但我鼓勵他一了百了地移除埋伏心裏的計時炸彈，加上時間一拖，心房可能發大，不利健康。

　　收筆之際，我們即將駕車前往司徒拔道港安醫院，準備手術。老公也是我世上最愛的人，只要有甚麼可以保障他健康的，我會毫不猶豫去做。

（原刊於 2021 年 3 月 20 日《明報》）

拆彈專家

上週五晚八點多，我飯也沒吃，匆匆趕到司徒拔道港安醫院，第一時間探望做完心臟手術的老公。但一踏入病房，卻發現病牀是空的！不是說手術只需三個小時嗎？為甚麼將近五個鐘，還不見人呢？我的心噗通噗通地跳，就快連我也有心臟病喇！

幸好護士來解釋，因為前一個手術做晚了，所以推遲我們的，老公的手術現在進行中。我放下心頭大石，絕不介意等候，坐下來用手機繼續我排山倒海的工作。等了兩個小時，眼前迎來一個剛打完仗的老兵。老公極度疲乏，閉上眼睛不斷問我幾點鐘？當時是十時十五分，時間是他的生命座標，他像一條飄浮在大海的木條，努力抓緊時間做定海神針，但他問完又問，下一刻又忘記，像大海撈針。

負責手術的馮永康醫生向我解釋，老公入院時，心臟跳動高達 140 多下，他除了心房顫動，也有心房撲動，給他一一拆彈了！手術成功。翌日十點我去接老公回家，他已在病房裏走來走去，由於是微創的導管消融術，傷口只有針孔大，連膠布也不用貼。手術是從大腿插入小導管，經血管進入上心室，利用導管末端的電極來進行檢測，找出影響心律失常的部分，從而消融它。無需做傳統開胸手術，傷口小，復元快，最美妙是能夠擺脫藥物的倚賴，解除中風的危險。

自從朋友知道丈夫做了導管消融術後，紛紛來打電話問功課，有若干朋友都有心律不整，心瓣有問題，血管阻塞等。心血管毛病是都市人的計時炸彈。建議大家及早拆彈，早發現，早治療，早康復。

（原刊於 2021 年 3 月 24 日《明報》）

染血的鞋子

「你是潘麗瓊嗎？」一把陌生的聲音、一個陌生的電話號碼，說出的是令人震驚的消息：「你妹妹遇上嚴重的交通意外，腳部受傷，現在送院……」我像被突如其來的重拳擊倒，一陣暈眩，眼淚奪眶而出，聲音帶點顫抖地說：「我現在要到醫院去看妹妹。」同事擔心我情緒激動，勸我坐的士。我說：「相信我，我會冷靜的。」爸爸臨終前，我曾在他耳畔答應，一定會好好照顧家人，這是一生的承諾，不會忘記。

開車到醫院的短短十幾分鐘，和妹妹相處的幾十年歲月，飛快地在眼前掠過。難忘媽媽抱着如粉紅麵粉團的 BB 回家，裹着天鵝絨的妹妹如天使，是我家最小的孩子，獲得父母疼愛。我只能憑努力才獲父母關注。姐妹一起長大，感情親密，妹妹聰明美麗，外冷內熱，對着患上腦退化症晚期的老媽，不離不棄地照顧。媽媽夜夜呻吟至天光，她總是衣不解帶看望，難有一覺好睡，妹妹從無怨言，連社工也被妹妹的孝心感動。我家的小松鼠狗，她也愛如親女兒，逢週末帶牠去遊山玩水，希望延緩牠的衰老。妹妹把親情放在第一位，今次被車撞到，就是因為去為媽媽買醫藥用品。

護士的叫喚，把我從回憶中拉回現實。當接過妹妹一雙染血的鞋子，我淚如泉湧，想像妹妹被車撞到時的痛楚，心裏難過。

終於看到被推上 ICU 的妹妹。她聽到我的聲音，眼眉動了一下。我撫着妹妹頭髮安慰：「家姐愛你，一定沒事的。」她一開口便以微弱的聲音，吩咐我們如何照顧母親。唉，我親愛的妹妹啊！

（原刊於 2021 年 4 月 21 日《明報》）